보통중생
（보통부처）

옮긴이 | 이인옥

대만 국립성공대학 중문과 졸업. 1982년 유학 중 불광산에서 공부하였고, 국제불광회 중화총회 부비
서장을 역임했다. 귀국 후인 1996년부터 한중일불교우호교류대회 통역을 하면서 한국불교종단협의회
전문위원으로 한중불교 우호 교류에 힘쓰고 있다.

星雲大師演講集
Copyright©Hsing Yun 2016 by arrangement with Lee Inok, Korea.
Korean translation copyright©The Mogwa Books,
a division of Beopbo Buddhist Newspaper Co., Ltd. 2016

보통 중생 보통 부처

초판1쇄 인쇄 2016년 4월 11일
초판1쇄 발행 2016년 4월 18일

지은이 | 성운 대사
옮긴이 | 이인옥
펴낸이 | 남배현

기획 | 모지희
책임편집 | 박석동

펴낸곳 | 모과나무
등록 2006년 12월 18일 (제300-2009-166호)
주소 | 서울시 종로구 종로19, A동 1501호
전화 | 02-725-7011
전송 | 02-732-7019
전자우편 | mogwabooks@hanmail.net

디자인 | ㈜끄레 어소시에이츠

ISBN 979-11-87280-02-6 03220

이 도서의 국립중앙도서관 출판예정도서목록(CIP)은
서지정보유통지원시스템 홈페이지(http://seoji.nl.go.kr)와
국가자료공동목록시스템(http://www.nl.go.kr/kolisnet)에서
이용하실 수 있습니다.(CIP제어번호: CIP2016007527)

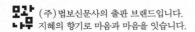 (주)법보신문사의 출판 브랜드입니다.
지혜의 향기로 마음과 마음을 잇습니다.

보통중생
보통부처

성운 대사 지음 | 이인옥 옮김

모과
나무

雲坐

나는 모든 중생의 집이 되리라
그들의 고뇌를 없애주기 위해

나는 모든 중생의 수호신이 되리라
그들의 번뇌를 끊어주기 위해

나는 모든 중생의 귀의처가 되리라
그들이 공포를 벗어날 수 있도록

나는 그들의 길잡이가 되리라
그들이 광명의 지혜를 찾을 수 있도록

법화경

진정한 불교의 길잡이

수많은 날들을 고민으로 보내던 시절이 있었다. 어떻게 살아야 하는지, 어떻게 교화해야 하는지 생각하고 또 생각하던 때에 아주 우연히 다가와 내 인생을 바꿔준 말씀이 있었다.

"이제 때가 왔다! 자신에게 청빈을 요구하는 것은 도덕이다. 타인에게 청빈을 요구하는 것은 죄악이다. 여기에서 자신이란 출가제자를 말함이요, 타인이란 재가제자를 말함이다."

《보통중생 보통부처》를 통해 만난 성운 대사의 가르침이다. 내가 가진 가장 큰 문제 가운데 하나였던 '대중설법'이라는 난제를 해결해준 바로 그 말씀이다. 책으로 만난 성운 대사의 가르침은 내가 고민하던 문제를 일거에 해소시켜주었을 뿐 아니라 크나큰 희망을 품게 했다. 앞으로도 많은 출가제자들과 재가불자들에게 공부해야 할 방향을 정확하게 제시해주고 더 나아가 희망까지 갖게 하는 책이라고 감히 말씀드리고 싶다.

이 책은 오늘날의 나에게 '생활법문과 긍정적 불교라는 장르를 한국불교에 새롭게 세웠다'는 찬사를 듣게 만들어주기도 했다. 왜냐하면 여태까지의 한국불교는 교법과 실증에 근거하기보다는 그릇된 상식에 기대는 것이 많았고, 대부분은 유한有閑불교 혹은 귀족불교의 색채가 강했기 때문이다. 에세이 불교의 성격을 가졌다고도 감히 말할 수 있었다. 그래서 오히려 이러한 풍토가 불교를 제대로 배우고자 하는 이들에게 불교란 것이 어렵고 신비하며, 알고 싶어하면 할수록 오리무중에 빠지게 한다는 인상을 주었다.

이제 성운 대사의 구체적이고 현실적인 가르침을 통해 불자들이 진정한 불교가 무엇인지 확실히 알게 될 것이라고 확신한다. 성운 대사의 '인간 불교'는 우리 현실생활에 바로 적용하고 바로 응용할 수 있는 가르침이기 때문이다.

2016년 4월

안심정사 회주

법안

인간 불교, 생활 불교의 시작

한국과 중국은 이웃하고 있으면서 2천여 년 이래로 형제와도 같은 이웃나라라고 할 수 있습니다. 싸우기도 하고 좋았다가 나빴다가 하는 형제와 같다고 하지만 대체적으로 문화의 원류는 이어져 있다고 할 수 있습니다.

예를 들어서 한국의 자장慈藏, 의상義湘, 원측圓測 등 많은 고승들이 중국으로 구법을 하였고 중국에서 공부를 마치고 귀국하여 한국불교의 개산대사가 되셨으며 심지어 한국의 왕자인 김교각金喬覺은 중국 안휘성에 구화산을 열어서 그곳은 수많은 사람들이 숭배하는 도량이 되었습니다. 불교와 문화 방면으로 중한中韓 양국의 왕래는 더욱 밀접하여서 현재 한국 총림사찰의 규범과 건축양식 등이 중국불교와 매우 닮았습니다.

근대에 들어서 일본 군국주의가 한국을 침략하고 중국을 침범하였을 때 중한 두 나라는 연합해서 항일抗日하기도 했습니다. 특히 불교의 신앙은 공동의 운명과 관계됩니다. 중국에서 지금 다른 종교가 급속하게 부상하고 있어서 불교의 역량이 줄어들고 있습니다. 한국도 같은 운명으로 외래종교가 번창하여 불교 신앙을 점차 대체해가고 있습니다. 그래서 지금 중한이 함께 문화적인 협력을 해야만 앞으로 교육적으로 인재를 이끌어낼 수 있고 계속해서 발전할 수 있습니다.

언어적으로도 지금의 한국에서는 유망한 청년들이 중국어를 많이 배우도록 해야 하고, 중국에서도 학자들을 한국에 보내서 한국어를 배우도록 해야 합니다. 국가 정부에서는 이 전문 능력을 갖춘 어문학자들에게 높은 대우를 해주어야 할 것입니다. 문자가 통하고 언어가 통하니 두 집안의 감정도 자연적으로 교류할 수 있습니다.

30여 년 전, 대만의 불광산은 한국의 삼보사찰인 통도사, 해인사, 송광사와 형제와도 같은 교류와 왕래를 하였습니다. 일찍이 반세기 전에 저도 한국에서 〈중한불교촉진우의회中韓佛教促進友誼會〉를 창립하였고 한국에서는 〈한중불교우의회〉라고 불렀습니다. 그러나 우리들의 언어가 통하지 않아서 발전하지 못했습니다. 나중에 (이 책을 번역한) 이인옥 씨가 대만 불광산에서 공부를 하고 대학 졸업을 한 이후에 섬세한 감성과 뛰어난 문장력으로 일부 서적을 번역했습니다. 불광산에서도 의은依恩 등을 한국에 유학 보내면서 문화적인 소통을 하게 되었습니다. 불서의 번역에 이미 일부 성과가 있으니 앞으로도 꾸준히 해나가야 할 것입니다.

이 강연집은 전에 일부가 번역된 적이 있는데 다시 정리해 출간한다니 정말 잘된 일입니다.

앞으로도 양국의 불교가 문화협력을 시점으로 삼아서 계속하여 예전 형제의 정을 이어나가면서 함께 발전하게 되기를 바랍니다. 아시아에서 한국과 중국, 중국과 한국이 같이 고개를 높이 들고 당당한 발걸음을 내딛어 세계무대에서 함께 빛나고 영예를 누리게 되기를 기대합니다.

제가 80년 전에 불학원에서 공부할 때, 〈삼국불교사〉 수업을 들으며 중한일中韓日 삼국이 문화적인 한 몸이라고 이해했는데 이제 와서 해체되어서는 안 될 것입니다. 마치 영국과 미국 두 나라가 대서양을 사이에 두고 멀리 떨어져 있지만 누구나 영국과 미국 문화를 한 흐름으로 보는 것과 마찬가지입니다. 우리도 아시아에서 중한일 외에도 부근의 나라들을 연합해서 아시아의 불교동맹을 이루고 세계에서 불교를 신앙하고 불교를 연구하는 중심이 되어야 합니다. 그렇게 해서 인간 중생이 인간 부처의 자비광명의 가피를 받아 행복하고 안락한 생활을 하도록 해야겠습니다. 이를 서문으로 합니다.

2016년 4월
불광산 개산료에서
성운星雲

불광산

차례

잠 못 이루는 사람에게 밤은 길고
지친 나그네에게 길이 멀 듯이
불법佛法을 모르는 어리석은 자에게
생사生死의 밤길은 길고 멀어라

제 1 장

올바른 신앙생활

인간은 왜 종교를 찾는가

제가 느끼기에 오늘날 불자들에게 가장 필요한 일은 바로 생활 속에 불교를 갖추는 것입니다. 불법佛法을 접해보지 않은 사람은 물론 불법의 좋은 점을 모릅니다. 그런데 불교를 믿은 지 오래된 사람도 몸과 마음이 불법과 상응하지 못합니다. 생활 속에서 불법을 운용運用할 줄 모르기 때문에 불법의 가치를 모르는 이치입니다.

생활 속의 불법과
신앙의 이익

현재 불교의 가장 가슴 아픈 문제는 불자들의 생활 속에 불법이 없다는 사실입니다. 그래서 불법이 우리의 일상생활 속에서 도대체 어떤 관계가 있는가 하는 문제를 먼저 말씀드리고자 합니다.

우리는 어떤 일을 할 때에 효율을 따집니다. 이익이 되는 일은 하고 무익한 일은 하지 않습니다. 신앙에 있어서도 유익한 신앙을 믿어야지 유익하지 못한 신앙은 믿지 않아야 합니다. 믿음의 갈래를 나눈다면 다음과 같이 말할 수 있습니다.

길을 잘못 들어 사마외도邪魔外道를 믿으면 사신邪信입니다. 옳지 않은 것을 믿는 사신보다는 조금 나은 것이 불신不信입니다. 어떤 종교도 믿지 않는다는 것인데, 이것은 아직 잘못된 것에 중독되지 않아 앞으로 얼마든지 바른 종교를 구할 기회가 있어 사신보다 낫다고 말할 수 있습니다.

또 하나는 정성은 지극하나 분별이 없어 미신迷信을 믿는 태도입니다. 아무것도 믿지 않는 불신보다는 미신이라도 믿는 것이 나을 수도 있습니다. 이것도 일종의 신앙이기 때문입니다.

할아버지 할머니들이 향을 들고 천지신명 앞에 꿇어앉아 정성껏 비는 것이 우리가 보기에는 미신을 믿는 행위지만 그 마음은 순진하고 진실해 아주 귀합니다. 적어도 착한 일을 좋고 악한 일을 물리치는 종교적 권선징악의 관념이 이미 그들의 마음속 깊이 자리 잡고 있기 때문에 설사 미신일지라도 불신보다는 낫다고 하는 것입니다.

물론 미신을 믿는 것보다 훨씬 좋은 것은 바르게 믿는 정신正信입니다. 불법에 대해 바르게 믿어야 불법의 이익을 얻을 수 있습니다. 그럼 우리가 불법을 올바르게 믿었을 때 어떤 이익이 있는지 얘기해봅시다.

믿음은 손과 같고 지팡이와 같다

사람은 손이 있어서 여러 가지 일을 할 수 있습니다. 세상의 온갖 기묘한 발명들은 만능의 손이 있기 때문에 가능했습니다. 만약 어떤 과학자의 영감 어린 두 손의 움직임이 전등을 발명하지 않았다면 암흑 속에서 우리가 어떻게 광명의 가치를 누리겠습니까? 또한 의학자들의 정교하고 세심한 배려가 없었다면 병이 났을 때 우리는 어떻게 회복할 수 있는 약들을 복용하겠습니까?

세상의 일들은 이처럼 사람의 두 손에 의해 이루어집니다. 우리도 흔히 '조수助手를 얻었다', '오른팔을 잃었다'는 말을 하듯이 손의 역할은 굉장히 중요합니다. 《대지도론大智度論》에 "신앙의 이익은 손과 같다" 했습니다. 또한 "어떤 사람이 보물이 잔뜩 묻힌 산에 들어가 많은 보물을 보았다 해도 만약 두 손이 없다면 어떻게 캐내겠는가?" 했습니다.

같은 이치입니다. 불법의 보물창고 속에 들어왔다 해도 신앙의 두 손이 있어야만 내가 필요한 것을 얻을 수 있습니다. 그런 까닭에 불법의 이익을 얻으려면 꼭 신앙을 먼저 가져야 합니다.

불법을 믿는 것도 마치 지팡이와 같아서 우리의 의지가 됩니다. 등산할 때 지팡이를 의지하면 산을 오르기가 훨씬 편합니다. 세상을 살아가다 보면 어려운 일을 만나 눈앞에 절벽이 가로막은 듯 막막할 때가 있습니다. 더구나 어떻게 뚫고 나갈 길이 없을 때 만약 신앙이 있어 우리의 의지가 된다면, 걸음이 불편한 노인네가 지팡이를 얻은 것과 같아 험난한 인생이라도 넓은 대로를 향해 가듯 찾아갈 수 있습니다.

옛말에 이르기를 "국토는 위태롭고 약하며, 사람의 목숨은 늘 위급한 지경에 있다" 했습니다. 세간의 모든 일은 허망하고 덧없습니다. 특히 태풍과 지진 등 자연계의 재난이 닥칠 때마다 인간이 너무 연약함을 느낍니다.

인력으로 저항할 방법이 없다는 것을 절실히 느끼고 우리의 생명 또한 바람 앞의 등불 같다고 느낍니다. 그러나 우리가 만약 불교를 신앙으로 택했다면 손에 지팡이를 쥔 것 같은 안전을 얻을 수 있습니다.

사람은 어딘가 의지처가 필요합니다. 아미타불도 좋고, 관세음보살도 좋습니다. 어떠한 불보살이라도 우리 생명의 의지로 삼아 따뜻한 의지처로 삼아야 합니다. 이조차도 불법에 대한 신심이 없다면 아무 소용이 없으니, 불자라면 먼저 불법에 대한 믿음부터 가져야 합니다.

믿음은 뿌리와 같고
배와 같다

꽃은 땅에 뿌리를 내려야 향기롭고 아름답게 필 수 있습니다. 나무는 깊고 튼튼한 뿌리가 있어야 무성한 잎을 피우고 자랄 수 있습니다. 인간도 생명의 뿌리가 있어야 생존할 수 있습니다. 백 층 높이의 건물도 땅 위에서부터라고 하지 않습니까. 기초가 튼튼해야 하늘로 높이 치솟는 건물도 지을 수 있다는 말입니다. 그래서 우리의 신앙은 끊임없이 솟아나는 공덕功德의 뿌리입니다.

《화엄경華嚴經》에 "믿음은 도의 근원이며 공덕의 어머니이므로 모든 선근을 길러준다"라고 했습니다. 우리는 믿음이라는 뿌리에 의지해 불법 속에서 복을 짓고 지혜를 닦아 인생의 기초를 정립해야 합니다. 또한 이러한 정진을 통해 윤회에 들지 않는 경계에 이르러야 합니다.

보살菩薩의 오십이위五十二位도 믿음의 뿌리에서 시작해나가는 것입니다. 경전에서 말하는 것과 같이 믿음이 없는 사람은 마치 시들어버린 나무와 같아서 꽃을 피울 수도 열매를 맺을 수도 없습니다. 그러므로 우리는 믿음의 '뿌리'를 잘 돌보고 법이라는 물(法水)을 주어 우리의 인생이 무럭무럭 자라나 꽃을 피우고 열매를 맺게 해야 합니다.

믿음은 승객을 태우고 넓은 바다를 지나 목적지까지 데려다주는 배와 같습니다. 《대지도론》에 "불법의 큰 바다에 오직 믿음만이 들어갈 수 있다" 했습니다. 우리가 넓고 깊은 불법의 바다에 들어가려 한다면 나침반이 있어야만 방향을 잃어버리지 않습니다.

경전에는 "불법의 큰 바다에 들어가려 한다면 보시布施나 계戒를 지키는 것으로는 들어갈 수 없다. 믿음은 보시나 계를 지키는 것보다 훨씬 중요하다"라고 하기도 했습니다.

넓고 가없는 불법의 바다에서 믿음의 노를 잘 저어나가야만 불법의 커다란 보물을 찾을 수 있습니다. 끝없이 망망한 인생의 고해苦海 속에서 우리가 믿음의 큰 배를 의지해야 생사의 바다 이 기슭에서 저 열반해탈의 피안에 안전히 도달할 수 있습니다.

믿음은 힘이고
재산이다

어떤 일에 대하여 확실한 신심이 있다면 그것이 큰 힘이 되어 자연히 큰일을 이룰 수 있습니다. 예를 들어 국민들이 민주국가에 대한 열렬하고 확실한 믿음이 있었기 때문에 지금의 우리나라가 건립되었습니다. 철학자 팡동메이(方東美, 1899~1977) 선생에 대한 일화 중에 이런 이야기가 있습니다. 팡선생은 평소 수영을 좋아했습니다.

언젠가 수영 중에 갑자기 몸이 가라앉아 본능적으로 발버둥을 쳤으나 발버둥을 치면 칠수록 더욱 가라앉아 바로 눈앞에 죽음이 보였습니다. 이때 선생은 '내가 철학자로서 삶과 죽음의 시야를 넓게 가져야 마땅하지 이렇게 죽음이 무서워 살려고 버둥대는 꼴은 정말 꼴불견이다. 철학자라면 죽을 때 깨끗하게 죽자'고 생각했습니다.

이렇게 생각을 정하자 마음이 훨씬 가벼워지고 팔다리도 자연히 늘어져서 도리어 물의 부력에 의해 수면에 떠올라 살아날 수 있었습니다. 이처럼 자기 자신에 대한 믿음이 있으면 힘을 발휘할 수 있는데, 진리에 대한 믿음이 있다면 더욱 말할 것이 있겠습니까.

부처님이 재세시 갠지스 강가에서 불법을 말씀하셨습니다. 어떤 신도가 이 소식을 듣고 강변까지 걸어와 강을 건널 배를 찾았으나 찾지 못했습니다. 그저 굽이쳐 흐르는 강을 보며 몸이 달아있을 때, 어떤 사람이 "왜 물 위로 건너가지 그러시오?" 하고 농으로 말했습니다. 그러자 부처님과 불법에 대한 신심으로 충만한 이 신도는 굽이치는 물살에도 아랑곳하지 않고, 눈앞에 있는 것이 발을 대면 빠지는 물이라는 분별심도 없이 물 위를 건너서 건너편 언덕에 닿았다고 합니다. 실로 불가사의한 믿음의 힘입니다.

우리가 사는 세상에서 돈이 없으면 생활이 기댈 곳이 없습니다. 세계정세를 봐도 자원고갈이 심해 경제위기가 닥친 곳이 많습니다. 전문가들은 문제를 해결하기 위해 새로운 자원을 찾아 산과 바다를 헤매고 다닙니다.

그런데 우리는 스스로에게 자원이 있다는 사실을 모르고 있습니다. 신앙이 바로 그것입니다. 어리석은 인간들이 어지럽고 복잡한 마음 바깥세계에서만 재물을 찾으려 하고 자기 마음속의 무한한 재보財寶를 모릅니다.

옛사람이 이르기를 "자신을 돌아보고 자신에게서 찾으라" 했습니다. 마음속에 가득 차 있는 보물, 마음속의 자원은 믿음의 괭이와 삽을 이용해야만 파낼 수 있습니다.

부처님 말씀에 "일곱 가지 성인의 재물, 칠성재七聖財가 있다"고 했습니다. 칠성재는 불도佛道를 이루는 데 필요한 일곱 가지를 재물에 비유한 것으로 믿음(信), 계율(戒), 참회(慚), 하심(愧), 경청

(聞), 나눔(施), 지혜(慧)를 말합니다. 그 가운데 가장 으뜸이 바로 믿음의 재보입니다. 믿음의 재보가 있어 인생은 더욱 풍성해지는 것입니다.

불교가 기타 종교와 다른 부분은 믿음을 강요하지 않는다는 점입니다. 불교는 무조건 믿으라고 재촉하지 않습니다. 이성과 지혜의 분별을 거쳐 믿으라 합니다. 그러기에 의혹을 가진 사람도 믿을 수 있는 신앙입니다.

신앙은 본심에서 자연히 우러나는 것입니다. 조금이라도 억지를 부려서는 안 됩니다. 궁금증과 의혹이 없어진 뒤에야 비로소 더욱 굳고 확실한 믿음이 생깁니다. 그리고 그 믿음이 흔들리지 않을 때 바로 진정한 신앙의 이익을 얻을 수 있습니다. 卍

종교를 통해 무엇을 얻는가

어떤 사람은 뚜렷한 목표나 자기 주관이 없다고 느낍니다. 그 사람에게 아직 신앙이 없기 때문입니다. 생각이 통일되지 않으면 능력도 드러내지 못합니다. 집을 지을 때 물, 모래, 돌, 시멘트를 섞어 마침내 견고한 건물을 쌓아 올리듯, 신앙도 여러 가지 다른 견해를 융합하여 사상을 통일시킬 수 있습니다. 그리고 그렇게 통일된 사상을 운용하여 인생의 많은 난관을 해결할 수 있습니다.

신앙은 앞길을
희망으로 감싼다

신앙이 있는 사람은 참기 어려운 고통에 부딪히거나 치명적인 타격을 받았을 때 신앙의 힘으로 재난을 극복하고 다시 희망을 불태울 수 있습니다. 설사 회복될 가망이 없는 병에 걸린 사람일지라도 그 자신이 삶에 대한 믿음만 있다면 무서운 병마도 그를 어찌할 방법이 없습니다.

오래전 어떤 늙은 비구니를 만났는데 근심스런 얼굴로 제게 말했습니다. "스님! 오늘은 스님을 뵈올 수 있지만, 다음에는 스님을 뵐 수 없을 것 같습니다. 대장암이라는 선고를 받았으니 앞으로 두 달 남짓 남았을 뿐이니까요…" 살아 있는 사람한테 사별의 말을 들으니 순간 어떻게 그를 위로해야 좋을지 생각이 나지 않아 다만 이렇게 말했습니다.

"출가한 사람이 무어 죽는 것을 무서워합니까? 삶과 죽음에 초연해야 마땅하지. 염불 잘하고 더욱 발심하여 사회에 유익한 일을 하시오. 만약 앞날에 대한 믿음이 굳건하다면 내 생각으로는 그리 심각한 병이 못되지 않나 싶습니다."

그 스님은 내 말을 듣고 공감하는 바가 있었는지 그때부터 매일 한 푼 두 푼 모금을 했습니다. 어느 정도 보시금이 모이자 윈린현(雲林縣)에 〈불교의 소리〉라는 라디오 프로그램을 마련하고 사람을 청해서 매일 부처님 말씀을 방송했습니다.

어느덧 선고받았던 두 달이 지났습니다. 그 스님은 그때까지 살아 있었을 뿐 아니라 여전히 부처님 말씀을 널리 펴는 일에 바빴습니다. 몇 년 뒤 다시 그 스님을 우연히 만났을 때 그분이 내게 말했습니다.

"스님! 약을 안 쓰고도 병이 나았어요."

지극하고 간절한 믿음의 종교 생활, 그 속에서 삶에 대한 희망을 버리지 않는 자세가 절망의 병에서도 살아날 수 있게 한다는 실증實證이 아니겠습니까.

신앙은
번뇌를 없애준다

세상을 살아가는 동안 우리를 가장 못살게 구는 것이 번뇌입니다. 번뇌는 우리가 뜻을 세우고 일을 하는 데 장애물이 됩니다. 번뇌는 사회나 가정, 경제적인 상황에서 옵니다. 감정에서 오기도 하고 우리 몸의 나고(生), 늙고(老), 병들고(病), 죽음(死)에서 오기도 합니다. 어떤 일이나 물건을 지나치게 탐할(貪) 때, 성낼(瞋) 때, 어리석은(痴) 마음을 낼 때 번뇌가 생깁니다. 사람들은 흔히 번뇌에 부딪힐 때마다 '방법이 없어!' 하면서 탄식하기만 합니다. 그러나 사실 번뇌를 없애는 방법은 아주 많습니다.

만약 우리가 불법에 대한 믿음을 적당히 이용할 줄 안다면 많은 번뇌를 없앨 수 있습니다. 번뇌는 마치 질병과 같습니다. 불법의 팔만사천 가지 법문法門은 번뇌를 전문으로 치료하는 특효약과 같습니다. 예를 들어 욕심내고 화내고 어리석게 구는 탐진치貪瞋痴로 인한 번뇌의 병을 앓고 있다면 계정혜戒定慧가 치료약이 될 것입니다.

계는 죄악을 범치 않도록 규정한 도리입니다. 정은 마음을 한 곳에 집중하여 안정된 상태, 곧 선정禪定을 말합니다. 혜는 사리를 분별하여 의심을 끊어버리는 슬기입니다.

인색한 이에게는 깨끗한 마음으로 부처님의 가르침이나 재물을 아낌없이 베푸는 보시행布施行을 가르칩니다. 성질이 사나운 이에게는 자비를 배우도록 가르칩니다. 뜻을 잃고 좌절해 낙심한 이에게는 인연법因緣法을 일러 치료하도록 합니다. 모든 현상에는 본래 자성自性이 없음을 알게 하여 정신을 차려 분발하도록 하는 뜻입니다.

그 밖에 육바라밀六波羅蜜, 팔정도八正道, 참선參禪, 예불禮佛, 염불念佛 등으로도 번뇌를 다스릴 수 있습니다. 이것들은 해탈解脫의 묘방이기도 합니다. 이뿐이겠습니까. 환자가 의사의 진단을 우선 믿고 안심하고 약을 먹을 때 완쾌할 수 있습니다. 우리가 번뇌에 대한 불법의 처방에 대해 의심 없이 믿어야 하는 이유입니다.

신앙은 몸과 마음을
안주시킨다

살아가면서 내 몸을 누이고 뜻을 이룰 수 있는 곳을 찾는 일은 아주 중요합니다. 하루 일을 힘들게 마친 이들은 편안한 가정으로 돌아와 휴식을 취할 것입니다. 해가 저물도록 먹이를 찾아 날던 새들도 제 둥지로 돌아가 날개를 접고 쉴 줄 압니다.

공부를 하는 이들은 책 속에서 안식을 찾습니다. 사업을 하는 이들은 사업의 발전에서 몸과 마음의 안식을 구합니다. 온종일 할 일 없이 한가한 이들이라면 몸과 마음을 안주安住시킬 곳이 없습니다. 그래서 자신의 안식을 구할 곳을 찾기 위해 서두르지 않을 수 없습니다.

그럼에도 우리는 때때로 어디에 내 몸과 마음을 맡겨야 할지 알수가 없습니다. 몸과 마음이 안주할 곳이 있다면 어떠한 어려움에 부딪쳤다 해도 문제가 안 될 것입니다. 우리에게 불법에 대한 믿음이 있다면 몸과 마음을 관세음보살이나 아미타불에 의탁할 수 있습니다. 지룽(基隆)에 있는 해회사海會寺의 도원道源 스님이 직접 겪은 일은 이에 대해 잘 말해주고 있습니다.

일본군이 중국을 침략했던 해였습니다. 어느 날 일본군 병사 한명이 약탈하러 절에 들어왔다가 도원 스님을 보자 "서라!" 하고 소리치더랍니다. 잡히면 목숨을 잃겠다는 생각에 스님은 무작정

뛰기 시작했습니다. 일본 병사 역시 끈질기게 쫓아왔습니다 스님은 뛰면서도 입으로 끊임없이 '관세음보살'을 불렀답니다. 그렇게 한참을 달려 일본군 병사의 눈길에서 벗어나 어느 신도의 집으로 뛰어 들어갔습니다. 그 신도가 "스님, 오셨습니까!" 하고 인사를 했습니다만 놀란 마음이 아직 가라앉지 않은 스님은 "관세음보살" 하고 대답했습니다. "스님! 앉으세요" 해도 "관세음보살!", "스님, 차 드세요" 해도 "관세음보살". 그 신도가 무슨 말을 해도 스님 입에서는 '관세음보살'만 나왔답니다.

왜 이런 일이 일어났겠습니까? 스님이 생명의 위험에 부딪혀 어찌할 바를 모를 때 일심으로 관세음보살을 의지하여 몸과 마음을 보살의 성호聖號 위에 안주시켰기 때문입니다. 우리가 어떤 어려움에 부딪혀 불보살을 의지할 때, 불보살은 우리의 지극한 부름에 응하셔서 우리를 구해주십니다. 어려움이 닥칠수록 우리의 몸과 마음을 불보살의 믿음 위에 놓을 때 비로소 우리는 평안을 얻을 수 있습니다.

신앙은 생활을 아름답게 한다

신앙은 인간의 생활태도에 영향을 줍니다. 신앙이 없으면 생활에 중심이 없어집니다. 삶의 의미가 없는 것이지요. 우리가 일상의 삶을 더욱 충실하고 더욱 아름답게 하는 데 있어 신앙은 커다란 원동력이 됩니다.

이를테면 어떤 사람이 일생을 통해 먹는 것을 아끼고 하고 싶은 것도 참고 절약하여 돈을 모았는데 자신도 차마 써보지 못하고 남을 빌려줬다고 해봅시다. 근데 돈을 빌려간 이가 폭삭 망해버렸다면, 이때 신앙이 없는 사람은 머리를 싸매고 드러눕든가 심지어 엉뚱한 생각에 빠져서 헤어나오기가 힘듭니다.

그러나 신앙이 확실한 사람은 다릅니다. 신앙이 깊은 사람은 당장 눈앞의 일만 생각하지 않고 넓은 시야를 갖게 됩니다. '잊어버리자. 전생에 내가 그 사람한테 빚을 진 게 틀림없어. 그래도 금생에 갚을 능력이 있으니 잘된 셈이다!' 이렇게 생각하고 마음을 식힐 수 있으니 근심이 생기지 않습니다.

또한 다른 사람에게 모욕을 받았다 해도 신앙이 있는 사람은 상대를 탓하거나 미워하는 마음이 쉽게 생기지 않습니다. 오히려 인욕행忍辱行을 수지하는 데 있어서 마땅히 만나는 장애로 여기고 마음을 가라앉힐 것입니다.

신앙은 우리로 하여금 추구하는 목적을 위해 굴욕을 참을 줄 알게 하고, 생활 속에서 희망을 잃지 않게 합니다. 그렇기 때문에 우리의 생활은 자연히 더욱 아름다워지는 것입니다. 신앙이 있는 사람에게 살면서 닥치는 어려움과 고통은 인생을 멋있게 살아가는 필수 요건이 됩니다. 내 삶에 괴로움이 아니라 성공을 향해 다가가는 디딤돌이 되는 것입니다.

신앙이 있는 이는 '내가 지금 정성으로 부처님께 절을 하고, 염불하고, 모든 공덕을 쌓으면 앞으로 극락세계에 가게 된다'고 생각하여 믿음으로부터 선행善行이 우러나니 앞날에 대한 희망이 가득합니다. 그리하여 날마다의 생활이 아름다울 뿐 아니라 앞날에 대한 설계도 세울 수 있어, 삶의 내용이 의미로 가득 차니 더욱 생활이 즐거운 것입니다.

신앙은 생명의 의지처가 된다

신앙은 인생 최고의 추구입니다. 신앙이 없으면 생명이 귀의할 곳이 없습니다. 1895년 청일전쟁 후 일본 외무대신 무스 무네미스(陸奧宗光)가 일본측 대표단으로 시모노세키 조약을 체결하러 중국에 올 때에 그의 딸은 병들어 있었습니다. 그러나 그는 중대한 사고가 아니면 연락치 말라 하고 집을 떠났습니다. 마침 협상 조약이 고비에 달했을 때 집에서 편지가 왔는데, 딸이 위독하여 마지막으로 아버지를 보고 싶다는 내용이었습니다. 함께 동행한 일본 총리 이토 히로부미(伊藤博文)가 "안심하고 돌아가세요, 여기의 모든 일은 제가 책임지고 처리하겠습니다" 하면서 집으로 가도록 권했습니다.

무스 무네미스가 황급히 집으로 돌아와 보니, 겨우 숨을 유지하고 있던 딸이 오랫동안 그리던 아버지가 돌아오자 반가워 말했습니다.

"아버지! 제가 아버지 곁을 떠날 때가 된 것 같아요. 그러나 한 가지 문제가 줄곧 마음속에 걸려 있는데 아버지가 돌아오셔서 해결해주길 여지껏 기다렸어요."

"무슨 문제인데? 말해보렴."

"제가 죽으면 어디로 가게 되나요?"

비록 학문이 높고 견문이 넓은 정치 지도자였지만 죽은 뒤의 갈 곳을 묻는 딸의 임종 문제에 대해 어떻게 대답해야 할지 몰랐습니다. 그래도 재주와 슬기가 보통이 넘는 사람인지라 딸을 위로하며 다음과 같이 말했습니다.

"죽고 나서 어디로 가게 되는지 나도 모른다. 그러나 네 엄마가 자주 염불하는 것을 미루어 보건데 부처님이 너를 아주 좋은 곳으로 데리고 갈 것이란 생각이 드는구나."

딸은 아버지의 이 말을 들은 뒤 편안한 미소를 띠고 세상을 떠났습니다. 딸의 의문을 풀어줄 수 없었던 무스 무네미스는 이후 불교를 연구하기 시작했고 결국은 불교를 신앙으로 선택했습니다. 이 짧은 이야기를 통해 무스 무네미스의 딸이 신앙으로 생명의 귀

의를 할 수 있었다는 사실과 죽음을 조금도 두려워하거나 무서움
없이 맞이한 것을 알 수 있습니다.

  어떤 사람이 집을 떠나 길을 가는 도중 날이 저물고 밤을 쉬어
갈 곳을 찾지 못했을 때 어떻겠습니까? 돌아갈 곳이 없이 길거리
에서 배회하는 고통은 아주 견디기 어렵습니다. 신앙은 우리의 집
과 같습니다. 우리의 집은 우리 생명의 안식처입니다. 卍

우리는 무엇을 믿어야 하나

모든 종교가 사람들에게 신앙을 가지라고 하는데 도대체 무엇을 믿어야 할까요?

옛사람이 이르길 "도덕과 학문이 있는 이를 가까이하며 그들의 가르침을 받으라" 했습니다. 그러면 우리가 믿는 신앙이 마땅히 어떤 조건을 갖춰야 하는가. 이 문제를 깊게 따지지 않을 수 없습니다.

확실히 존재하고
덕이 높은 것을 믿는다

우리가 신앙의 대상을 선택함에 있어, 마땅히 신앙 대상의 존재 여부를 따져야 합니다. 먼저 불교 신앙의 대상인 석가모니 부처님을 살펴봅니다. 석가모니 부처님은 태어난 나라와 시기는 물론 출가해서 수행하고 부처가 되기까지의 행적 등이 역사에 확실하게 기록되어 있습니다.

부처님은 신화 속의 인물도 아니고, 상상 속의 하나님도 아닙니다. 더욱이 형체 없이 왔다가 종적 없이 사라지는 신선神仙도 아닌 역사적인 인물입니다. 그러므로 우리가 무엇을 믿어야 하는가 하는 선택의 갈림길에 있을 때, 석가모니 부처님과 같이 확실한 존재의 대상을 믿어야 합니다. 벗을 사귐에 덕이 높고 인격이 깨끗한 이를 사귀려 하는 것은 벗이 우리를 선하고 바르게 이끌어 줄 수 있기 때문입니다.

옛사람이 이르길 "자기보다 못한 친구는 없다", "물은 밑으로 흐르고, 사람은 위로 오른다" 했습니다. 만약 우리가 믿는 신앙의 대상이 우리에게 남을 죽이고 해치게 하거나 인간 이하로 살게 한다면 그 신앙은 도움이 되는 것이 아니라 도리어 해가 되는 것입니다.

우리는 우리 신앙의 대상이 덕행이 맑고 깨끗한가, 자비로운가,

그 인격이 완전한가를 알아보지 않으면 안 됩니다. 만약 이러한 것들을 다 갖춘 대상이라면 우리가 믿고 의지할 가치가 있는 것입니다.

부처님은 수행의 경지가 원만한 각자覺者이며, 지덕智德, 단덕斷德, 은덕恩德의 삼덕三德이 구족한 분입니다. 부처님의 덕은 청정하고 깨끗하기에 이러한 인간계와 천상계의 지도자와 함께한다면 우리의 덕은 더욱 높아지며, 인격은 더욱 훌륭해질 수 있습니다.

능력 강한 것을 믿는다

높은 산을 오를 때에 의지할 지팡이가 필요하듯이 우리의 삶도 어려울 때 의지할 강하고 힘 있는 지팡이가 필요합니다. 어릴 적부터 주위의 어른들과 선생님들의 훌륭한 지도로써 조금씩 어린애 티를 벗으며 성장하듯이, 우리 신앙의 대상도 반드시 자신을 제도하고 남을 제도할 수 있어야 합니다. 스스로 깨닫고 남도 깨닫게 해주는 선지식이 있어야 우리를 바른 길로 이끌어 줄 수 있습니다.

부처님은 《유교경遺敎經》에서 이렇게 말했습니다.

나는 훌륭한 의사와 같아서
병에 따라 약을 주나니
먹고 먹지 않는 것은
의사의 허물이 아니며
또 훌륭한 길잡이와 같아서
좋은 길로 인도하나니
듣고서 가지 않는 것은
인도하는 사람의 허물이 아니니라
我如良醫 知病設藥
服與不服 非醫咎也
又如善導 導人善道
聞而不行 非導過也

올바른 길잡이의 가르침을 믿어야 넓고 훤한 길로 나아갈 수 있고 목적지에 도달할 수 있듯이 훌륭한 의사인 부처님의 진단을 믿어야 아가타阿伽陀의 약을 얻어 번뇌의 질병을 치유할 수 있습니다. 아가타는 모든 병을 고친다는 인도의 영약이라고 하는데 일체의 번뇌를 없애는 불법의 영묘한 힘을 뜻합니다.

역대 어진 임금과 정치가들, 영웅호걸에서 일반 민중까지 왜 부처님의 가르침을 받고 싶어 했겠습니까? 부처님의 능력이 아주 강하기 때문입니다. 사자가 짐승의 왕이 될 수 있고, 대붕大鵬이 뭇

새들의 우두머리가 될 수 있는 것은 모두 그들의 특수한 능력이 있기 때문입니다. 사람도 마찬가지로 신앙의 대상이 막강한 힘을 갖고 있다면 마치 생활에 후원자가 있는 것과 같아서 행복을 얻을 수 있는 것입니다.

계행이 깨끗한 것을 믿는다

계행이 맑고 깨끗한 사람은 모든 행위가 계율에 부합합니다. 우리가 그와 함께 있으면 말과 행동이 자연히 바른 도리에 맞으며 탈선하지 않습니다. 만약 우리가 믿는 신앙의 대상이 계행이 청정하지 못한다면, 마치 교통법규를 위반하는 차와 같아서 항상 사고가 발생할 가능성이 있습니다. 우리가 그와 함께 있다면 너무도 위험합니다.

우리가 믿는 대상인 위대한 부처님은 계행이 아주 청정한 깨달은 이입니다. 자신에 엄격할 뿐 아니라 여러 가지 계율로 제자들의 몸과 마음을 단속했습니다.

경전에 실린 이야기를 한 토막 들려드리겠습니다. 부처님의 제자 한 분이 과일을 탁발하러 과수원에 갔습니다. 그 과수원 주인은 스님이 원하는 대로 직접 따서 가지라 했습니다. 그때 이 스님이 말했습니다. "부처님의 계율에 사람보다 높은 나무에 올라가면 안 된다 했습니다." 과수원 주인은 그러면 손으로 가지를 흔들어 따라고 했습니다. 그러자 이 스님은 다음과 같이 말했습니다.

"부처님의 계율에 나무를 흔들어 과일을 취하면 안 된다 했습니다." 주인이 성의를 표하기 위해 부득이 자기가 나뭇가지를 끌어내리고 스님더러 따라 하니, 이 스님은 같은 태도로 말하는 것이었습니다.

"부처님 계율에 자신의 손으로 과일을 따면 안 된다 했습니다." 그때서야 주인은 하는 수 없이 "공양供養 드립니다" 하고 과일을 두 손으로 받들어 바쳤습니다.

주지 않는 것을 취하면 계율을 범하게 됨을 설명하는 이야기로 부처님의 제자는 이렇듯 계율을 지키기 위해서라면 차라리 과일을 원치 않았던 것입니다. 지금으로 말하면 다른 사람의 동의를 얻지 않고 그 사람의 어떤 물건이라도 가졌다면 바늘 하나 실오라기라도 모두 법을 위반한 것과 같은 이치입니다.

만약 모든 사람이 법을 지킬 수 있다면 사회에 뺏거나 훔치는 행위가 없을 것입니다. 경經에는 부처님 제자가 계율을 지키기 위해 목숨을 잃은 일도 있음이 쓰여 있습니다. 제자들이 이렇듯 계율을 엄격히 지키는데야 부처님 당신은 더욱 말할 것도 없는 것입니다. 만약 우리가 부처님의 가르침과 법을 지키고 받들 수 있다면 우리가 닦는 계행이 청정하고 과실이 없게 됩니다.

바른 법과 지혜를
믿는다

우리가 믿는 신앙의 대상은 원만하고 바른 법을 갖춰야 합니다. 불법의 도리는 어느 한쪽으로 치우치거나 기울어지지 않으니 바로 정법正法이라 부릅니다.

불법의 도리는 세상 어디에 놓아도 어느 쪽으로 기울어지지 않습니다. 어떠한 때와 장소, 사람이나 일, 무엇이든지 적용될 수 있는 것이어서 이 사람에게는 맞고 저 사람에게는 맞지 않는다거나, 혹은 이 일에는 맞고 저 일에는 맞지 않는 것이 아닙니다. 불법은 때와 장소를 넘어서고 어떠한 제한도 받지 않기 때문에 원만하다고 하는 것입니다.

사회의 학문은 각양각색입니다. 우리는 가장 정확하고 가장 원만한 것을 선택하여 우리의 나침반으로 삼아야 합니다. 중국 춘추시대 검루黔婁의 부인은 "차라리 부족하더라도 바르게 쓸지언정 남는다고 비뚤게 쓰지는 않겠다"는 명언을 남겨 몇 천 년이 지나도록 계속해서 세상 사람들에게 찬미되고 회자되었습니다.

바른 법을 믿으며 살아갈 때 가르침을 얻을 수 있을 뿐 아니라 원만한 삶을 살아갈 수 있습니다. 수행자들에게 경책과 교훈이 될 만한 글들을 모은 《치문경훈緇門警訓》에 "바른 법으로 몸을 삼고 깨끗한 지혜로 목숨을 삼는다"는 말이 있습니다. 우리는 종종 절에 있는 불상을 보고 그것이 부처님의 실체라고 생각하거나 부처님이 세상에 계실 때의 32상相과 80종호種好로 장엄된 육신을 부처님이라고 생각하곤 합니다.

그러나 부처님의 수명은 세상에 계시던 80년의 인간 세월이 아닙니다. 부처님은 올바른 법으로 몸을 삼고 다함없는 지혜로 생명을 삼으신 것입니다. 바른 법으로 몸을 삼으니 바른 법은 모든 시간과 장소에 다함이 없고 지혜를 생명으로 삼으니 지혜는 영원히 변치 않는 맑고 깨끗한 것으로 끝이 없습니다.

우리가 믿는 대상은 그 지혜가 가득 차고 빈 곳이 없으니 우리는 그와 함께 같이하고 배우면 장래에 지혜가 가득한 생명을 얻을 수 있습니다.

더 나아가 사회의 여러 사람들에게 좋은 일을 할 수 있습니다. 우리 속담에 "친구를 잘못 사귀면 앞길을 망치고, 여자가 남편을 잘못 만나면 평생토록 불행하다"했습니다. 그러니 우리가 대상을 선택함에 어찌 신중하지 않겠습니까. 신앙의 대상은 마땅히 더욱 자세히 살펴 택해야 합니다. 🏵

신심은 어떻게 기르는가

신심信心은 마치 논밭의 어린 싹과 같아서 비와 바람에 시달리면 자라기 어렵습니다. 신심 기르기의 어려움을 가리켜 "도道가 한 자 높아지면 마魔는 한 길 높아진다"고 표현합니다. 신심을 기르기 위해서는 당연히 커다란 힘을 들여야 합니다. 신앙심을 어떻게 해야만 돋우고 키울 수 있는지 알아보겠습니다.

복덕을 쌓고
자비를 행하라

　지위도 높고 돈도 있는 고관대작과 부자들이 큰 마음을 내어 보시하는 까닭은 자기 자신에게 복과 덕이 있어 남을 도와줄 수 있기에 마음이 환희로 충만하기 때문입니다.

　돈도 없고 힘도 없는 이들은 비록 물질로 보시를 하진 못하지만 사사로운 일이라도 기꺼이 남을 돕습니다. 이렇게 복과 덕을 쌓는 일을 통해서 오히려 자기 자신이 불법에 대한 신심을 기르는 것입니다.

　또 육신보살 자항(慈航, 1893~1954) 스님께서 자기 자신에 대한 이야기를 해준 적이 있습니다. 그 스님은 다른 사람이 그 자신에게 안 좋게 대하고 심지어 때로는 모함하고 해를 끼쳐도 참을 수 있고 도리어 그 사람이 곤란할 때 손을 내뻗어 도와줄 수 있답니다.

　스님은 본래 키가 작고 말랐는데 이미 지난 일을 문제 삼지 않으며, 수시로 남이 모르게 선을 행하니, 나중에 가서는 마침내 뚱뚱이로 변했다고 말합니다. 그의 자비는 단지 자기가 좋아하는 사람들에게만 베푼 것이 아니고 그렇지 않은 사람들에게도 마찬가지였습니다.

　진실로 자항 스님은 모든 중생에 대한 차별 없는 절대 평등의 자비를 행했다고 말할 수 있습니다. 자항 스님은 자비를 행하는 가운데서 불법에 대한 환희와 신심도 얻은 것입니다. 이로써 우리는 자비를 행하는 가운데서도 신심이 길러짐을 알 수 있습니다.

지혜를 깨닫고 체험하라

불법을 배우는 사람들은 불법을 연구하는 도중 '불법은 너무 좋아! 불법은 너무도 묘해!' 하는 감정을 느끼게 됩니다. 우리는《육조단경六祖壇經》에서 오조홍인(五祖弘忍, 601~674) 대사가 육조혜능(六祖慧能, 638~713) 대사에게 법을 전하고 나서 육조혜능 대사에게 빨리 떠나라고 하며 몸소 마중하는 장면을 떠올릴 수 있습니다. 스승과 제자 두 사람이 강가까지 걸어왔을 때 오조홍인 대사가 말했습니다.

"내가 삿대를 저어 너를 건너가게 하리라."

이에 육조혜능 대사가 다음과 같이 대답했습니다.

"내가 아직 깨치지 못했을 때는 스승을 의지하지만 이미 깨달았으니 스스로 건너리라."

그러므로 우리가 불법을 접할 때 깨닫는 바가 있다면 신심도 따라서 나타날 것이니 이러한 신심의 힘을 크다 할 수 있습니다. 팡동메이 선생은 철학을 연구하고 화엄학華嚴學을 연구하여 가히

한 세대의 대유학자라 할 수 있는데 최후에 이르러 투청(土城)에 있는 승천사承天寺에 가서 불법에 귀의했습니다. 지혜가 뛰어난 그는 불법의 신앙을 접하여 받아들일 수 있었던 것입니다.

종교 체험 속에서도 신심이 두터워집니다. 우리는 일부 수행하는 사람들이 중도에서 신심을 잃어버리는 경우를 본 적이 있습니다. 흔히 조소하는 말로 "부처를 1년 믿으면 부처가 눈앞에 있고, 2년 믿으면 서천西天에 있으며, 3년 믿으면 눈앞에서 사라져버린다"고 합니다. 생활 습관 중에 종교 체험이 없기 때문에 불법에 대한 신심이 생기지 않는 것입니다. 심지어 출가했던 이들조차 최후에는 신심을 잃어버려 다시 사회로 돌아가는 경우도 있습니다.

명나라 때의 감산덕청(憨山德淸, 1546~1623) 대사는 절을 지으려다 황제에게 오해를 받아 억지로 환속되어 쫓겨났습니다. 그러나 대사의 불법에 대한 신심에는 변함이 없었습니다. 얼마 지나지 않아 황제의 오해가 풀리고 대사는 다시 승려의 신분으로 되돌아갈 수 있었습니다.

비록 억지 환속을 했지만 감산 대사는 여전히 일대의 대사로 뒷날까지 많은 사람의 우러름을 받았고, 쫓겨난 적이 있다 해서 그의 승격僧格은 조금도 훼손되지 않았습니다. 감산 대사의 이러한 굳건한 신심과 높은 덕행의 주요한 동기는 다음과 같은 인연이 있었기 때문입니다.

언젠가 감산 대사가 다른 스님 한 사람과 함께 오대산에 올라

불경을 모시러 갔을 때였습니다. 한 동굴 속에서 조용히 정진하고 있는 노스님을 만나자 기쁜 마음에 공손히 절을 올리고 물었습니다.

"실례지만 노스님을 어떻게 부르면 되겠습니까?"

그러나 아무 대답이 없었습니다.

"여기에 계신 지 얼마나 되었습니까?"

그러나 여전히 대답이 없었습니다. 계속해서 물었으나 대답은커녕 쳐다보지도 않는 것이었습니다. 감산 대사는 속으로 예삿 스님이 아니구나 싶어 그 자신도 노스님 옆에 가부좌를 틀고 앉았습니다. 그 뒤론 그 노스님이 물을 마시면 대사도 좋아서 물을 마시고 노스님이 밥을 먹으면 대사도 같이 밥을 먹으며 정진을 했는데 서로 말 한 마디 나누지 않고 여러 날이 흘렀습니다.

감산 대사는 문득 몸과 마음을 잊어버렸습니다. 곧 나와 남의 분별을 잊어버리고 몸과 마음 모두 우주와 융합하여 하나가 된 것을 느꼈습니다. 이렇게 아주 긴 시간을 계속해나갔습니다. 그로부터 감산 대사는 불법에 대해 더욱 깊이 체험하고 깨달았습니다. 그런 까닭에 제자 복선福善과 통형通炯 등이 그의 유문遺文을 모아 《감산노인몽유집憨山老人夢遊集》 55권을 편찬했는데 이것은 대사의 일생을 통한 지혜의 결정으로 불법을 널리 알리고 전하는 데 빠뜨릴 수 없는 귀중한 책이 되었습니다.

우리가 염불을 할 때 이미 부처님과 함께 있는 것입니다. 예불을 드릴 때 이미 부처님과 함께 있는 것입니다. 또한 보시를 할 때 너와 나를 구분하지 않아야 하고 참선할 때 이미 참된 성품이 나타나는 것을 알 수 있습니다. 이러한 체험이 있기 때문에 자연히 신심이 두터워지며, 다른 사람의 좋고 나쁜 것을 따지지 않기 때문에 우리들의 신심은 쉽게 흔들리지 않는 것입니다.

자기의 본성을 깨치라

견성見性이란 곧 자기의 본성을 깨달아 부처가 되는 것입니다. 따라서 견성으로 신심이 두터워지는 것이 가장 가치가 높습니다. 옛날 푸젠성(福建省) 푸룽산(芙蓉山)에 계시던 영훈靈訓 선사가 어느 날 귀종歸宗 선사를 찾아가 물었습니다.

"선사께 가르침을 청하건대 어떠한 것이 부처입니까?"

"말해줄 수 없네, 말해줘봤자 믿지 않을 테니!"

영훈 선사가 다시 물었습니다.

"선사께서 말씀하시는 것을 제가 어찌 안 믿겠습니까? 말씀해주십시오."

그러자 귀종 선사의 대답이 실로 엉뚱했습니다.

"그렇다면 말해주지, 바로 네가 부처야!"

영훈 선사는 이 말을 듣고 단박에 깨달았다고 합니다. 만약 지금 제가 "여러분이 모두 부처입니다!" 하면 여러분은 믿겠습니까? 아마 여러분도 '내가 보기엔 아닌데…' 하고 의아해 할 것입니다. 그러면 어떻게 해야 자기가 부처라는 것을 알 수 있겠습니까?

일찍이 귀종 선사가 "눈에 티끌이 들어가 있으면 헛것이 어지럽게 떨어지고 모든 상相을 여의면 곧 모든 부처님을 보게 된다"고 말했듯이 우리가 자성自性을 잃어버렸기 때문에 우리 모두 자기가 부처라는 것을 인식할 수 없는 것입니다.

단지 너와 나, 옳고 그름, 좋고 나쁜 것, 괴롭고 즐거운 것 등의 분별로 따지니, 마치 색깔 있는 안경을 쓰고 사물을 보는 것처럼 세상 본래의 모습을 잘못 알며 자기의 본성마저도 인식하지 못하는 것입니다.

황벽희운(黃檗希運, ?~850) 선사가 당 선종宣宗의 출가 시절에 나눈 문답에 이런 말이 나옵니다.

부처에 집착하여 구하지도 말고
법에 집착하여 구하지도 말고
승가에 집착하여 구하지도 말라
不著佛求 不著法求 不著衆求

신앙은 자신 밖에 있는 세상사로 인해서 눈이 어두워져 자기의

본성을 잊어버릴 수 없는 것으로 불법승法佛僧 삼보三寶는 우리
의 자성 가운데에 본래 갖춰져 있는 것입니다. 현실적으로 볼 때
불법승 삼보는 신앙의 과정에서 하나의 보조적인 인연으로 결국
은 자기를 믿어야만 합니다. 그러므로 부처님께서는 "자신을 의지
하고 법에 의지하며 다른 것에 의지하지 말라" 하셨습니다. '사람
마다 모두 불성이 있다'는 이치를 터득할 수 있다면 신심을 반드시
두텁게 할 수 있습니다. 卍

올바른 신앙과 신앙생활

세상 사람들이 비록 여러 가지 종교를 믿는다고 하지만, 사실 실제로는 대부분 미신이 많고 심지어는 삿된 믿음인 경우가 많습니다.

그러면 무엇이 올바른 믿음일까요? 또 어떻게 올바른 믿음의 생활과 신앙을 얻을 수 있을까요? 일반적으로 사람들은 진실한 신앙을 얻지 못하고 미신과 삿된 믿음을 가까이 하여 지혜를 깨치지 못합니다.

삿된 믿음을
버려라

미신을 믿다보니 터무니 없이 어리석은 일을 저지르기도 합니다. 이를테면 관상이나 운수, 또는 풍수나 일진 등의 점괘를 보는 것입니다. 이런 행태는 모두 미신을 믿는 마음에서 나온 행위로 불법과는 아무 상관이 없는 일입니다.

대만 불광산佛光山에 만수공원묘지萬壽公園墓地가 있습니다. 저는 간혹 친족이나 친구가 세상을 떠나서 공원묘지에 안장하려 하는 사람을 만나면 지관地官을 안 데리고 가는 것이 좋다고 말해 줍니다. 지관을 데려가 풍수를 보라 하면 묘지를 관리하는 이들이 꼭 그들에게 봉투를 건네줘야만 합니다. 그렇지 않으면 묘를 쓴 다음에, 상을 당한 가족들이 아무리 만족한다 해도 방위가 안 좋다느니, 부모를 여기에 모시면 자손이 잘못 된다느니 하면서 어떤 트집이고 잡습니다.

그 말을 들은 사람으로 하여금 자신이 부모를 그곳에 모셔서 어린 자식들의 일을 망치지나 않을까 하는 생각을 불러 일으키게 됩니다. 이런 말을 들으면 절대로 그 자리에는 묘를 쓰면 안 된다고 생각하게 됩니다.

또 집을 한 채 지을까 해서 좋은 땅을 봐놨는데, 풍수 잘 본다는 사람이 "집이 이쪽으로 서면 자네 부모에게 안 좋아!" 이런 소리를 합니다. 그런 소리를 들으면 꺼림칙한 마음이 일게 되는데 그런 마음을 가지고 누가 그대로 집을 지을 생각이 들겠습니까?

　미신이란 이렇듯 약한 사람들의 마음을 파고듭니다. 어떠한 무서운 방법을 이용해서 사람의 불안한 마음을 움켜잡고 상대에게 그의 말을 감히 따르지 않을 수 없도록 하는 것입니다. 그러니 그 사람의 삶에 올바른 믿음의 지혜가 없다면 미신에 쉽게 빠져들고, 또 한번 걸리면 빠져나오기가 힘든 것입니다.

　부처님께서 《유교경》에 "길흉과 천문지리를 보지 말라"고 하셨습니다. 그래서 저는 "매일매일이 좋은 날이요, 곳곳이 좋은 땅"이라는 명언에 따라 살고 있습니다. 우리의 마음 씀씀이가 바르다면 어느 곳이라도 갈 수 있고, 모두가 편안하다고 느낀다면 모든 시간이 좋은 일로 가득한 것입니다.

　진정한 불자라면 절대로 미신을 믿지 않습니다. 미신을 믿는다는 것은 불교의 진리를 모르는 것이기 때문입니다. 신앙이란 쉽게 속아서 믿어버리는 것처럼 경솔해서는 안 됩니다. 인정에 끌려서 혹은 자신의 이익을 위해서 믿는 것이라면 그것을 진정한 신앙이라고 할 수 없습니다. 그러므로 우리는 위장된 사교邪敎의 미신을 버리고 진정한 불교의 신앙을 선택해야 합니다.

올바른 신앙은
자주적인 신앙

지금의 신앙은 너무 난잡합니다. 예배하는 대상이 무엇이든 간에 여기저기 향을 피우고 기도하곤 합니다. 사실 이런 너저분한 믿음으로는 신앙의 이익을 얻을 수 없습니다.

옛날에 이런 우스개 얘기가 있었습니다. 두 사람이 길에서 강도를 만났는데 한 사람은 평상시 많은 잡신을 믿는 사람으로 강도가 휘두르는 칼에 맞아 팔이 잘렸습니다. 다른 한 사람은 관세음보살을 믿는 사람이었는데 칼을 맞긴 했지만 마침 그 칼이 목에 걸고 있던 목걸이의 불상 조각에 맞아 불상이 구부러졌을 뿐 사람은 조금도 다친 데가 없었습니다.

그 사람은 관세음보살이 지켜주셔서 조금도 다치지 않았다면서 몹시 기뻐했습니다. 반면에 잡신을 믿는 친구는 칼에 맞은 팔죽지를 움켜쥐고 너무 아파 줄곧 식은땀을 흘리며 화를 냈습니다. "몸에 그리 많은 신상神像과 부적을 지녔는데 왜 하나도 나를 비호해주지 못해!" 그러자 가방 속에 있던 여러 잡신들이 말했습니다.

"미안하오, 당신이 곤경에 닥쳤을 때 본래는 우리가 구해주려 했으나 줄지어 있는 여러 신들 앞에 나서서 당신을 구하려 하니 예의가 아닌 일이라 서로 양보하며 '옥황상제, 당신이 가서 구해주시오' '성황 할아버지! 역시 당신이 가셔야죠!' '마조님! 당신이 먼저…' 하면서 누가 나서야 할지 모르는 사이에 강도의 칼이 벌써 내리쳐버렸습니다. 그래서 당신 팔죽지가 잘린 거요."

물론 이는 웃자고 하는 소리지만 우리에게 잡신을 믿지 말라고 말해주는 교훈입니다. 이것도 믿고 저것도 믿는다면 마음과 힘이 집중을 할 수 없어 진정으로 곤란할 때 도움을 받지 못합니다. 몸과 마음을 삼보에 귀의하고 삼보를 통해 우리의 신앙을 통일한다면 신을 찾을 필요가 없습니다. 마땅히 우리의 신앙을 깨끗이 해야 합니다.

사람들은 대부분 하늘의 뜻이라고 잘 믿습니다. 어떤 일이든 모두 하늘의 뜻으로 돌리고, 심지어 음식까지도 하늘이 내려줘 우리에게 먹게 하는 것이며, 이익도 하늘에서 나오는 것이라 합니다. 물론 이런 사상이 무슨 죄악이 된다고 할 수는 없습니다. 자기의 주권을 아무런 조건 없이 신에게 줘버리고, 신에게 자기를 다스리고 통치토록 합니다. 이는 자기 자신을 자기가 주관할 권리가 있음을 모르는 까닭입니다.

이들은 참으로 이 세상에서 가장 어리석고 불쌍한 사람들인 것입니다. 한 인간의 인생의 행복, 생활의 쾌락, 정신의 즐거움, 앞날의 희망을 어찌하여 신이 지배하도록 합니까?

불교에서는 "모든 중생에게는 불성이 있다"고 합니다. 이 말은 자기 자신이 모든 것을 주관할 수 있어서 암흑을 빛으로 바꿀 수 있고, 슬프고 끔찍한 일을 행복한 일로 바꿀 수 있으며, 굴곡이 심한 삶을 넓고 떳떳한 길로 이끄는 일을 바로 자기 자신이 할 수 있다는 뜻입니다.

분명히 말하자면 불교를 믿는다는 것은 바로 자기자신을 믿는 것입니다. 모든 일을 자기의 두 손으로 창조하는 것이기에 어떤 신의 지배에 의지하는 것보다 더욱 의미 있습니다.

불교 교단과
법성에 대한 신앙

우리가 불교를 믿는 데 있어 한 사찰의 신도가 아니라 전체 불교 교단의 신도가 되어야 합니다. 어떤 한 스님의 제자가 아니라 교단의 제자가 되어야 마땅합니다.

한 사람의 불교신자가 되는 것은 자기가 좋아하는 어느 절을 돕고 보살피되, 범종단적인 일에도 마음을 다해 협조하고, 또한 자기의 가정을 돌보고 아끼듯 교단을 아끼고 보호해야 하는 것입니다.

가끔 신도들이 각 사찰을 다니며 스님네들이 그들을 대하는 태도의 정도를 비교하고 어떤 사람은 심지어 농간하며 시비를 불러일으켜 절과 절 사이의 감정을 안 좋게 하기도 합니다. 이러한 태도는 진정한 불자가 취할 태도가 아닙니다. 교단을 믿고 교단을 보호하고 지지하는 것이 불제자의 당연한 책임인 것입니다.

진정으로 불교를 믿는 것은 차별상差別相 위에서 인식하는 것이 아니고 한 걸음 나아가 법성法性이 평등함을 인식하는 데 도달해야 합니다.

옛날에 한 행자가 법사를 따라 불전佛殿에 들어갔다가 행자가 부처님을 향해 침을 뱉으니 법사가 말했습니다.

"행자가 버릇이 없도다. 어째서 부처님께 침을 뱉는가?"

행자가 말했습니다.

"부처님 없는 곳을 가르쳐주십시오. 거기에 침을 뱉겠습니다."

법사가 대답을 하지 못했습니다.

훗날에 앙산혜적(仰山慧寂, 807~883) 선사가 이 일을 듣고 이렇게 말했습니다.

"그땐 아무 말없이 행자의 얼굴에 침을 뱉어라. 만약 행자가 무어라 하거든, '나에게 행자가 없는 곳을 가르쳐 주면, 거기에다 침을 뱉겠노라' 했어야 옳으니라."

불성佛性은 도처에 가득하고, 법성은 곳곳마다 모두 있는데 여러분이 한번 대답해보십시오. 어느 곳에 부처가 없습니까? 어느 곳에 법이 없습니까?

침을 뱉은 이 행자는 이미 법성이 허공에 두루한 도리를 깨달았다는 것을 알 수 있습니다. 우리는 불상 자체를 인식하는 것에서부터 법신불法身佛, 자성불自性佛을 인식해 들어가야 합니다.

그렇다고 여러분이 위의 얘기를 들었다고 설마 '그렇다면 좋아!

다음부터 나도 부처님 몸에다 침을 뱉어야지!' 하고 마음 먹지는 않으시겠지요. 아직 자성自性에 통달하지 못했기 때문에 법성을 인식하기 이전에는 역시 불상을 숭고하게 대하셔야 합니다. 그러니 우리는 신앙을 마땅히 법상法相을 인식하는 것에서 깊이 법성을 깨닫는 쪽으로 들어가야 합니다. 🪷

생활 속에서 신앙의 실천

일상의 생활은 의식주행衣食住行과 인간관계를 떠날 수 없습니다. 그러니 합리적으로 생활하도록 하는 것이 아주 중요합니다.

불교 신자로서 어떻게 옷을 입고 밥을 먹느냐 하는 생활 속의 사사로운 일에 대해서도 마땅히 깊은 생각이 있어야 합니다. 불교는 신도 한 사람 한 사람마다에게 반드시 고통스런 수행을 하라고 요구하지 않습니다.

옷 입고 밥 먹는 데서
신앙의 실천

불교 신자로서 먹는 것은 배불리 먹고, 입는 것은 따뜻하게 입어야 합니다. 단지 생활에 필요한 수준보다 과분하게 먹고 입는 것에 사치하거나 낭비하지 말아야 합니다. 어떤 사람들은 다른 사람이 옷을 멋있게 입는 것을 보면 곧 그를 추켜세웁니다. 칭찬을 받았다는 생각에 부추김을 받은 사람은 아주 우쭐거리는데 사실 옷이 보기 좋은 것이 그 본인과 무슨 관계가 있습니까? 백화점에 놓여 있는 마네킹도 옷을 아주 멋지게 입지 않았습니까? 여럿이 함께 사는 세상이므로 지나치게 사치스러운 옷을 입는 것을 삼가야 합니다.

재미있는 얘기를 한 토막 하겠습니다. 일본의 선승禪僧인 잇큐(一休, 1394~1481) 스님에게 장군인 제자가 한 사람 있었습니다. 어느 날 그 장군이 스님을 식사에 초청했습니다. 스님이 그 장군의 집에 닿았을 때 경비원이 누더기 옷을 입은 스님을 보고 들여보내주지 않는 것이었습니다. 할 수 없이 돌아가 좀 나은 옷으로 갈아입고 가니 그때서야 들여보내주었습니다. 밥을 먹을 때였습니다. 스님은 자꾸만 반찬을 옷소매 속에 쏟아 넣는 것이었습니다. 의아하게 생각한 장군은 그 까닭을 물었습니다. 그러자 스님이 말했습니다.

"자네가 오늘 초대한 것은 옷이지 나를 초대한 것이 아니야."

장군이 어리둥절해 하자, 스님은 다시 덧붙였습니다.

"내가 처음 왔을 때, 낡은 옷을 입었다고 들여보내주지 않아 할 수 없이 다시 이 옷을 입고 와서야 들어왔네. 자네가 옷을 식사에 초대한 것이니 옷에게 먹으라고 할밖에!"

옷이나 음식은 사람의 일상생활에서 없어서는 안 될 것이지만 그것에 얽매여 지나치게 화려하거나 낭비해서는 안 될 것입니다. 어떻게 검약하며 살아야 할지 우리는 마땅히 알아야 하는 것입니다.

불경에 다음과 같은 일화가 있습니다. 북인도의 코살라Kosala국의 파세나디(Pasenadi, 波斯匿) 왕은 몸이 비만해서 수레를 타거나 걷는 일도 힘들었습니다. 그뿐만 아니라 앉고 서고 눕기조차 힘들어 숨이 가쁘고 답답해져 편안한 잠도 이룰 수 없었습니다. 어느 날 부처님을 찾아 뵙고 이러한 괴로움에서 벗어날 수 있는 가르침을 청했습니다. 부처님은 사람이 비만해지는 다섯 가지 이유를 말씀해주시고는 다음과 같은 게송을 읊었습니다.

먹는 것을 줄이고 부족함을 원하라
그러면 자연히 고통도 없어져
몸은 한결 가볍고 건강은 지킨다
이 일을 명심할지어다

이때부터 파세나디 왕은 특별히 한 시종을 시켜 자신이 밥 먹을 때 옆에 서서 부처님의 게송을 부르게 했습니다. 자신이 습관처럼 다시 과식하지 않도록 환기시키는 역할이었습니다.

건강을 보존하는 수준에서 먹는 음식이 약이 되고, 검소한 생활이 미덕이 되는 도리를 믿어야 합니다.

일과 생활 속에서
신앙의 실천

불자라면 맡은 일을 할 때 열심히 하고 책임감을 가져야 합니다. 그리고 꼭 봉사 정신이 있어야 합니다. '하루 일하지 않으면 하루 먹지 않는다(一日不作 一日不食)'는 백장회해(百丈懷海, 720~814) 선사 청규淸規는 일을 하는 데 있어 열의와 정신자세가 어떠해야 하는가를 보여줍니다. 그러한 근면한 자세는 뒷날의 수행인들에게 아주 좋은 본보기가 되었습니다.

육조혜능 대사는 오조홍인 대사를 찾아가 법을 배울 때 방아를 찧는 등 어려운 일을 하면서 마침내 법을 물려 받았습니다. 도선(道宣, 596~667) 율사律師는 대중을 위해 6년간 절구를 찧는 노역을 치렀으며 나중에는 남산율종南山律宗의 종조宗祖가 되었습니다.

저 역시 어려서부터 힘든 일을 치른 출가인입니다. 동진 출가하여 그 힘든 노동을 통해 불법과 나 자신의 인생에 대한 믿음이 크게 증가했습니다. 그러한 까닭으로, 항상 일은 신성한 것이고, 봉사는 위대한 것이라고 강조합니다. 경전에 "일은 도덕이고, 봉사는 행복이고, 게으름은 죄악이고, 한가함은 타락"이라고 일컬은 그 이치 그대로입니다.

불법은 사람과 사람 사이의 도리를 아주 중히 여깁니다. 우리 주위를 둘러보면 인간관계가 원만하지 못해서 골치를 앓는 것을 많이 볼 수 있습니다. 사람 사이의 관계를 원만히 하고자 한다면 사섭법四攝法을 행하라는 것이 가장 좋은 법문입니다. 사섭법이란 곧 보시를 베풀며, 좋은 말을 하고, 상대의 이익을 존중해주며, 상대의 입장에서 상대를 이해하는 것을 뜻합니다.

돈이나 재물, 혹은 능력이나 말 등 보시물에 상관없이 우리가 하는 보시는 모두 상대에게 기쁨을 느끼게 합니다. 그런 것이 결국은 서로를 돕는 일이 됩니다. 다른 사람을 즐겁게 하는 말을 하고 남에게 이익되는 일을 하는 것은 세상과 인연 맺고 살아가는 좋은 태도이고 방법입니다.

불경에서 인연을 넓게 맺으라고 자주 가르치는 것은, 우리가 다른 사람을 침범하지 않고 배반하지 않으며 게다가 남에게 많은 편리를 주는 행동이 바로 나에게 편리를 주는 것이기 때문입니다.

또한 다른 사람의 권리나 생활을 침해하지 않아야 다른 사람이 기꺼이 나와 친밀하게 사귈 수 있기 때문입니다. 불교 신자가 된다 하는 것은 부처님이 가르친 생활의 방법을 절실히 몸소 느끼고, 확실히 그 가르침을 이행하는 태도를 갖는 것을 말합니다.

선악의 분별,
이성과 지혜를 통한
신앙의 실천

어떤 사람이든 이 복잡한 사회를 살아나가려면 선과 악에 대해서 정확히 분별하는 판단력이 있어야 합니다. 속담에 "악은 아무리 작은 것이라도 짓지 말며, 선은 아무리 작은 것이라도 꼭 행하라" 했습니다.

착한 일이든 악한 일이든 사소하면 신경쓰지 않는 사람도 있는데 마땅히 신중해야 합니다. "물방울은 비록 작고 약하나 결국은 바위를 뚫는다"고 했습니다. 불법을 배우는 이들은 어떤 악도 짓지 말고, 모든 선을 받들어 행할 수 있어야 합니다.

당나라 때 대문호 백거이(白居易, 772~846)가 항주태수杭州太守로 있을 때 조과(鳥窠, 741~824) 선사를 찾아가 불법의 큰 뜻이 무엇이냐고 물으니 조과 선사가 말했습니다.

"악한 일을 하지 않고 선한 일을 행하는 것이다."

백거이가 듣자마자 "그렇게 간단한 도리는 세 살짜리 애들도 압니다" 하니 선사가 다시 말했습니다.

"물론 세 살짜리도 아는 도리지만 팔십 노인도 행하지 못하지."

우리는 크든 작든, 나쁜 일을 저지르지 않았는가를 반성하고 일체의 크고 작은 좋은 일을 실천하고 있는가를 반성해야 합니다.

무엇을 믿든 먼저 분명한 이성과 지혜로 선택해야 합니다. 그래야만 미신에 빠지지 않을 수 있습니다. 15세기 이탈리아의 과학자 갈릴레오 갈릴레이Galileo Galilei는 지구가 태양 둘레를 도는 것을 발견하고 지구가 둥글다는 학설을 세웠습니다. 성경 창세기에 하나님이 이 세상을 창조했다는 부분을 거스른다는 이유로 교황의 노여움을 사게 돼 갈릴레이는 감옥에 갇히고 말았습니다.

자신의 주장이 틀리다고 말하고 교황 앞에 굽히면 처형을 면할 수 있었습니다. 그런 상황에서도 그는 "나는 아직도 둥그런 지구가 돌고 있는 것을 느끼고 있어" 하면서 펜을 내팽개쳤습니다. 이것이 바로 분명한 의지의 신앙입니다.

설사 죽음이 앞에 닥치더라도 자기가 확신하는 것을 지켜야 합니다. 이를 바탕으로 한 나라의 국민도 생존을 위해, 유구한 역사와 문화를 위해, 민족을 위해, 국가를 위해서 이성과 지혜를 발휘해야 합니다. 한 사람 한 사람의 역량이 모아질 때 민족과 국가가 통일을 추진할 수 있고, 자기 자신도 뻗어 나갈 길이 열릴 수 있기 때문입니다.

신앙을 통한
신앙의 실천

어떤 사람이 "불교의 신앙은 어떠한 경지로 표준을 정합니까?"
하고 묻는데 대승불교에서는 보살이 되려 한다면 필히 먼저 십신
十信이 갖춰져야 합니다.

보살이 십신을 수행하려면 억겁을 거쳐야만 십신을 완성시킬
수 있습니다. 가령 소승 불법으로 말한다면 초과初果, 이과二果, 삼
과三果, 사과나한四果羅漢의 넷으로 나눕니다.

초과나한初果羅漢의 표준은 첫째, 삼보三寶에 대한 믿음이 두터
워야 합니다. 삼보에 두터운 믿음을 갖는다면 바로 그 순간 여러분
자신이 초나한初羅漢이 되는 것입니다. 그러므로 우리의 신앙이 감
정 때문에 흔들려서는 안 됩니다.

여자친구가 다른 종교를 믿는데, 사랑한다는 이유로 나의 신앙
을 바꿔 함께 그 종교를 믿으면 안 됩니다. 신앙이 금전으로 유혹
되어서도 안 됩니다. 사업에 실패했는데 교회에서 월급 얼마를 줄
테니 기독교로 바꾸라 한다고 돈에 유혹되어 바꿔서는 안 됩니다.
즉 신앙이 명예나 지위를 위해 유혹되어서는 안 된다는 말입니다.

어떤 사람이 당신이 높은 자리에 뽑히는 것을 도와줬다 해서 당
선 후에 그와 같은 신앙을 믿으라고 할 수 없는 것입니다. 신앙은
다른 사람이 무서운 수단으로 당신을 위협한다 하여 바꿔버리고

적당히 사는 그런 것이 아닙니다. 금전에 팔려서, 지위나 명예에 끌려서, 달콤한 무엇에 유혹되어서, 혹은 두려움에서 바뀔 수 있는 신앙은 신앙이 아닙니다. 하나도 의지가 되지 않기 때문입니다. 진정한 신앙은 삼보에 대해 초과나한과 같이 영원불멸의 신심과 신앙의 이익을 얻을 수 있습니다.

남전南傳의 장경藏經에 "신앙이 있는 가정은 생활이 성실하고 진리가 있으며 견고해질 수 있고 보시의 네 가지 도덕이 있을 수 있다" 했습니다. 이러한 네 가지 도덕이 있으므로 현재와 미래에 근심과 두려움이 없는 것입니다. 삶과 죽음에 대해 근심과 두려움이 없다면 바로 불법에 대해 청정한 신앙이 있는 것입니다. 《금강경金剛經》에 "어떤 사람이 한 생각에 깨끗한 믿음을 낸다면 이 사람이 바로 위 없는 깨달음을 얻게 된다"고 했습니다.

쑨원(孫文, 1866~1925)은 "불교는 철학의 어머니로 세상을 구하는 이념이다. 불법을 연구하여 과학의 모자라는 곳을 보탤 수 있다" 했습니다. 량치차오(梁啓超, 1873~1929)는 "불교의 신앙은 미신이 아닌 바른 신앙이며, 독선이 아니라 남도 감화시켜 착하게 하는 겸선兼善이며, 이 땅에 있되 이 세상을 탓하지 않으며, 무량하고 유한하지 않으며, 평등하고 차별하지 않으며, 타력신앙이 아닌 자력신앙"이라고 했습니다. 우리 모두 불교에서 바른 믿음을 얻을 수 있게 되길 바랍니다. 卍

악도에 떨어진 중생들은 인간들을 부러워하고
인간들은 천상의 신들을 부러워하며
천상의 신들은 숲속의 수행자를 부러워하네

제2장

불교의 생활관

생명에 대하여

사람들은 재산이 있어야 삶이 가치가 있고 명예와 지위가 있어야 삶이 의미가 있는 것으로 생각하는데 사실 삶의 진실은 결코 그러한 것에 있지 않습니다. 삶에는 도와 덕이 있어야 그 삶이 의미가 있고 원만해집니다. 송나라 때 계승(契嵩, 1007~1072) 선사는 생활과 덕의 관계를 다음의 비유를 들어 말했습니다.

우리는 사람으로 태어나 제왕이 되는 것이 가장 숭고하며 위대한 것이라고 무의식적으로 생각합니다. 부귀와 영화를 끝없이 누릴 수 있고 위없는 권력을 손아귀에 잡을 수 있으며 모든 사람이 흠모하는 오를 수 없는 하늘 같은 자리로 여깁니다.

그러나 하夏나라의 걸왕傑王, 상商의 주왕紂王, 유왕幽王, 여왕厲王 등도 물론 하늘 같은 제왕이지만 포학무도했기 때문에, 만약 우리가 어떤 사람을 그들에게 비유한다면 비유된 사람은 틀림없이 기분 나빠할 것입니다. 그들의 덕 없음이 사람들에게 같이 취급된다는 것이 부끄럽기 때문입니다.

백이伯夷와 숙제叔齊는 춘추전국시대의 현인으로 역성易姓혁명에 반대하여 형제가 주周나라의 쌀을 먹는 것을 부끄럽게 여겨 수양산에 숨어 살며 풀뿌리로 연명하다 결국 굶어 죽었습니다.

만약 우리가 어떤 사람을 이들 형제에 비유한다면 그 사람은 틀림없이 기뻐할 것입니다. 비록 그들이 굶기를 밥 먹듯 하여 굶어 죽었지만 그들은 도와 덕이 있기에 도를 근심했지 가난을 근심하지 않았기 때문입니다.

옛사람들이 그들을 맑고 깨끗한 이들로 찬탄하고 수신修身의 모범으로 여기는 것은 사람들의 마음과 눈에 군주의 자리가 절대 고귀하기만 한 것이 아니며 높고 맑은 도와 덕이야말로 삶의 가장 귀하고 값진 보배임을 일깨우기 위해서입니다. 이제부터 불교의 생활관에 대해서 몇가지로 나누어 이야기해 보겠습니다. 먼저 생명에 대해서 어떤 관점을 가져야 하는지 살펴보겠습니다.

안락사를
어떻게 볼 것인가

먼저 여러분은 무엇이 도덕이며 무엇이 비도덕인가를 명백하게 분별해야 합니다. 마음과 생각을 갖는 것이 다른 사람을 괴롭히고 해롭게 한다든지 심지어 사회의 안녕을 깨뜨리는 것은 도덕이 아니고, 반대로 사회의 여러 사람들에게 이익을 끼치는 것은 도덕이다, 하는 식으로 도덕과 비도덕은 어떤 때는 아주 쉽게 구분할 수 있습니다. 그러나 어떤 경우에는 명확한 분별을 하기가 아주 어렵습니다.

예를 들어서 어떤 사람이 중병에 들어 백약이 무효하고 겨우 숨만 쉬고 있는데 그 고통을 면하고 편히 죽을 수 있도록 주사 한 대를 놔줄 수 있느냐고 물었다면 어떻게 하시겠습니까?

안락사에 대한 불교의 견해는 어떤가 하는 질문입니다. 사실상 어떤 사람이 중병으로 죽음에 임했을 때, 다시 살아날 수 있느냐 없느냐는 잘라 말하기 어려운 문제입니다. 타이베이(臺北)에 사는 조趙 거사는 아주 열심히 라디오 포교를 할 뿐 아니라 자주 교도소를 드나들며 죄수들에게 설법했습니다. 그런데 몇 년 전 잘못 넘어져 병원으로 옮겼는데 뇌진탕이 되어 회생할 수 없다는 선고를 받았으며 심지어 영안실로 옮겨질 뻔하는 등 소동을 빚어 모두가 거사의 목숨이 얼마 남지 않았다고 생각했습니다. 그러나 그 뒤 조 거사는 회복을 잘하여 지금은 건강한 몸으로 여전히 여러 도량을 다니며 설법하고 있습니다.

여러분은 이 예를 듣고 틀림없이 불교는 안락사에 반대겠구나 생각하겠지만 사실 모두가 그렇다고는 할 수 없습니다. 불교에는 갖가지 법문과 방편이 있는데, 만약 모든 법문과 방편이 대비심大 悲心과 상응相應하지 못한다면 모두 마귀의 법(魔法)입니다.

이런 까닭에 불법은 자비를 근본으로 하고 안락사에 대해서 절 대로 부정하지도 긍정하지도 않습니다. 하나하나의 모든 생명에 대해 우리는 마음에서 우러나는 사랑과 자비심으로 건강하게 존 재하도록 해야 합니다.

만일 부득이 안락사를 해야 된다면 자비심에서 우러나서 행해 야 하는 것입니다. 곧 가장 중요한 열쇠는 자비심으로 해서 시작된 것이냐 아니냐입니다.

정의란 무엇인가

어떤 사람은 부자의 재물을 훔쳐 가난한 사람들 돕는 것은 도덕 입니까 비도덕입니까 하고 묻습니다. 한편에서는 이런 행위를 의적 義賊이라 하고 갈채를 보내는데, 불법에서 볼 때 이것은 최선이 아닙니다.

비록 빈궁한 사람이 도움을 받았다 해도 부유한 이들이 해를 입었으니 어쨌든 다른 사람들에게 해를 끼친 것으로 모두 비도덕입니다. 어떠한 사람들도 다치지 않고 사람들이 이익을 얻을 수 있게 하는 것이 진정한 도덕입니다.

어떤 사람은 만약 한 사람을 죽여서 많은 사람을 구할 수 있다면 그것은 도덕인가 아니면 비도덕인가 묻습니다. 경전에, 부처님이 수행하는 도중 오백 사람을 구하기 위해서 한 사람을 죽였는데 부처님의 행동은 도덕에 맞는가 하는 글이 씌어 있습니다.

부처님은 '내가 지옥에 들어가지 않으면, 누가 지옥에 들어가겠는가' 하는 자비심을 품고 한 사람을 죽인 것으로 대승의 계율에서는 부처님의 행위를 긍정합니다.

우리가 보살도를 수행함에 있어 한 사람을 죽여 오백 사람을 구해야 할 때 동기가 순수하고 바른 것, 또한 대자비심을 갖고 있는 것 이외에 기꺼이 마음에서 우러나 인과의 제재를 받아들일 배짱과 지혜를 갖춰야 합니다.

일본의 닛쇼(日昭, 1236~1323) 선사는 모든 백성들을 위해 한 간신을 죽여 온갖 해독을 없앴으며, 중국의 현봉(玄峰, 1266~1349) 선사는 한 사람을 죽여 여럿을 살릴 수 있다면 선禪에 통한다고 했는데, 한 사람을 죽임으로 해서 많은 사람을 구할 수 있다면 불법과 통한다는 뜻입니다.

불교는 생명을 아주 중시하는 종교로 불살생不殺生은 불자들이 지켜야 할 계율이며 특히 소승불교에서는 더욱 엄하게 지킵니다.

살생은 부도덕의 행위이나 단지 마음속 깊이 우러나는 대자비로 사람을 구하고 아울러 세상을 구하는 마음으로 살생했다면 대승의 계율은 긍정했습니다.

만약 지금 우리가 나라를 빼앗겨 다시 찾아야되는 시기에 처했다면, 일단 전쟁이 시작되었을 때 적을 살해해도 되느냐 하는 것은 단지 가슴에 손을 얹고 자기에게 물어 진정한 마음에서 동포를 물과 불의 고통으로부터 구하는 것이고, 더욱이 인과의 책임을 기꺼이 짊어질 수 있다면 대승의 계율은 이러한 행위를 찬미합니다.

인과 의를 위해
희생하는 것

어떤 사람은 자살 행위는 도덕인가 아니면 비도덕인가 하고 묻습니다. 살아가는 것이 의미가 없다고 생각하여 자살을 꿈꾸는 사람은 그 자신이 다른 사람에게 피해를 주는 것도 없고 아무 상관 없는데 무슨 도덕, 비도덕을 따질 게 있는가 하고 생각할 수도 있습니다.

하지만 불법에서 볼 때 자살은 살생입니다. 스스로를 죽이는 살생이니 불법은 자살 행위를 허락지 않습니다. 자살 역시 부도덕한 것입니다. 사실상 한 사람의 생명은 결코 개인에 속해 있지 않습니다.

피와 살로 이루어진 이 육신은 최초에 부모의 결합으로 태어나고 길러졌으며, 게다가 사회로부터 갖가지 필요로 하는 것을 받아들여서 자라나고 성장하여 생명의 완성을 본 것입니다. 그러기에 사회를 통해 얻은 것은 사회와 대중에게 보답해야 합니다.

모든 사람이 세상을 살아가는 데 있어서 자기의 생명을 더욱 행복하고 더욱 의의있게 할 권리를 가지고 있지만, 어떠한 생명이라도 해치고 없앨 권리는 없는 것입니다.

반면에 뛰어난 인물들이 자기 몸을 버려 인仁을 이루고 의義를 얻을 뜻을 품고 많은 사람과 세상을 구하겠다는 마음으로 자기를 희생하여 대중을 살리는 것은 진실로 도덕의 승화이며, 찬미할 가치가 있는 행동입니다. 공자는 "아침에 도를 듣고 저녁에 죽어도 좋다(朝聞道 夕死可矣)"고 했습니다.

생명의 참된 뜻은 도와 덕의 완성에 있는 것으로 한 구절 반 마디 인생의 진리를 들었다면 생명을 버릴 수도 있으며, 더욱이 자신이 실천하여 이루었을 때는 더욱 말할 것도 없습니다.

그러기에 옛 성현들이 생명을 아까워하지 않고 도道나 인, 의를 위해 기꺼이 희생한 일도 무리가 아닌 것입니다. 우리는 부처님이 수행할 때 몸을 던져 생명을 구하고 보호한 기록을 경전의 곳곳에서 볼 수 있습니다. 이렇게 자신을 희생하는 행동거지가 바로 큰 자비심을 직접 나타낸 것이고, 지극히 참다운 아름다움이며 도와 덕의 승화입니다.

쥐와 모기를
죽이는 것

약방을 하는 이가 "모기나 파리, 바퀴벌레 등을 없애는 약을 팔고 쥐를 잡아 죽이는 것 등도 죄가 됩니까" 하고 묻습니다. 또 농부는 "농사를 짓는데 수확을 좋게 하기 위해 농약을 뿌려 해충을 없애는 것이 죄가 됩니까" 하고 묻는데, 이러한 행위는 허물이 없습니다.

불법에 의하면, 해충 등을 없애는 일은 아주 엄중한 큰 문제라고 할 수는 없습니다. 왜냐하면 불법에서 말하고 있는 불살생不殺生의 주요한 대상은 사람으로 살인은 엄중한 것이기에 불허하는 것입니다. 해충을 제거하기 위해 농약을 사용해 죽이는 것보다는 예방하는 편이 좋겠지만, 사람을 근본으로 하는 불법은 사람의 생존을 위한 행위로 보아 별 큰 허물로 치지 않습니다. 설사 계를 받은 비구가 이러한 허물을 범했다 해도 불법에 비쳐 보건대 단지 몸에 의한 나쁜 짓인 악작惡作을 범한 것일 뿐입니다.

악작의 행위는 참회의 힘으로 씻어 버릴 수 있는 것으로 결코 참회가 통하지 않는 살인과는 다릅니다. 우리는 평소 부지불식간에 작은 생명들을 무수히 밟아 죽이면서도 전혀 느끼지 못합니다. 발밑을 기어 다니는 개미가 얼만큼이나 밟혀죽는지 모릅니다. 이렇듯 무의식중에 생명을 죽이는 행위가 설사 죄가 될지라도 아주 경미하고, 어떤 것은 심지어 죄가 없습니다.

중요한 점은 화내고 미워하는 마음으로 살생해서는 안 됩니다. 왈칵 성내는 마음으로 고의로 살생한다면 지옥으로 떨어지는 벌을 받을 것입니다. 불교가 행위의 동기와 마음가짐을 중시하는 것을 여기에서 알 수 있습니다.

우리는 불법의 규범을 두렵게 보아, 우리의 자유행동을 속박하는 밧줄로 여기거나 혹은 불법의 계율이 요구가 너무 엄하여 지키기 어렵다고 생각하지 말아야 합니다. 불법의 계율은 대단한 관용과 자유의 정신이 있으며, 자유를 행사함에 있어서도 다른 사람의 자유를 침해하지 않는 상태에서 더욱 큰 자유를 누릴 수 있는 것입니다.

무엇이 도덕이고 무엇이 도덕이 아니냐에 관한 문제의 가장 주요한 핵심은 우리의 한마음(一念)에 있습니다. 만약 마음속의 일념이 자비로와서 남을 죽이거나 해를 끼치는 마음가짐이 아니면 설사 죽이거나 해를 끼치는 행위가 결과적으로 구성된다 해도 죄업도 가볍고 도덕에 맞는 것입니다.

반대로 만약 나쁜 마음에서 시작된 행동이거나, 성내는 마음으로 남을 죽이거나 해를 끼칠 뜻을 가지고 있는 것이면 그것은 도덕이 아닙니다. 설사 아직 죽이거나 해를 끼치지 않았다 하더라도 그런 마음이 드는 순간, 그런 생각으로 움직이는 그때가 바로 도덕을 벗어난 상태인 것입니다. 《중용中庸》에 이런 말이 있습니다.

사람의 마음은 매우 위태롭고
도를 지키는 마음은 매우 미세한 것이니
정밀하고 한결같아야 진실로 그 중심을 잡게 된다.
人心惟危 道心惟微 惟精惟一 允執厥中

우리는 우리의 이 마음을 신중하고 조심스럽게 지키고 보호하여 마음을 일으키고 생각을 내는 것 모두가 도와 덕의 법칙에 맞도록 해야 합니다.

앞에서 생명에 대하여 어떤 관점을 가져야 하는지 이야기했는데, 그러면 우리의 일상생활 속에서 불자의 삶은 어떠한 가치관을 가져야 하는지 살펴보겠습니다.

감정 생활에 대하여

불교는 사람을 가리켜 '감정이 있는 중생(有情衆生)'이라 하는데 바로 애정에 의지한 생활을 한다는 뜻입니다. 사람은 감정의 동물이며 감정 생활을 하지 않을 수 없는 것입니다. 그러면 일상생활에서 감정을 어떻게 처리해야 할까요?

사람들은 자기와 친근하면 친근할수록 정을 더 주기 마련입니다. 그래도 아마 남을 사랑하는 것보다는 자기를 사랑하는 마음이 앞설 것입니다. 그래서 유가儒家에서는 "내 어른을 공경하듯 남의 어른을 공경하고 내 아이를 보살피듯 남의 아이를 보살핀다고 했으며 내 마음처럼 남의 마음을 헤아려야 한다"라고 했습니다.

유가의 관념에 사랑은 가까움(親)과 소원함(疏)이 있다 했습니다. 사랑은 가까운 것에서부터 시작되는 것으로, 자기의 웃어른을 존경하는 것에서 남의 어른에 이르며, 자기의 어린 것들을 보살피는 마음을 넓혀 남의 어린 것을 보살피며, 자기의 부모, 아내, 자녀 및 친척, 친구 등 자기의 혈연에서 확대해 나아가 자기와 상관없는 사람들까지 사랑하는 것입니다.

도와 덕이 많은 사람일수록 사랑하는 마음도 더욱 크고 넓으며 심지어 가깝고 멂의 차별이 없습니다. 이것이 바로 모든 사람이 나의 동포이고, 모든 것이 가슴을 열어 놓아 주객이 일치된 상태이며, 불교의 모든 중생에 대한 차별 없는 절대 평등의 자비로운 마음입니다.

부처님과 같은 시대의 사람인 데바닷다Devadatta는 부처님의 제자로 더욱이 부처님과는 사촌 형제입니다. 뒤에 마음이 뒤틀려 부처님을 배반하고 수시로 부처님을 모함하여 해를 입혔습니다.

어떤 때는 자객을 보내고, 어떤 때는 미친 코끼리를 풀어 부처님을 밟아 죽이려 하고, 심지어 부처님이 지나는 길에 사람을 매복시켜 바위 덩어리를 굴려 부처님을 압사시키려 하기도 했습니다. 계속해서 갖은 수단 방법을 가리지 않고, 흉악한 독심을 품고서 반드시 부처님을 죽이려 했습니다.

그러나 부처님은 조금도 문제 삼지 않고, 심지어 제자들에게 타이르길 "너희는 데바닷다를 존경해야 한다. 그는 나의 선지식이다. 우리는 그로 인하여 더욱 굳고 강해지며, 우리는 그로 인하여 더욱 불도佛道를 떨쳐 일으킬 수 있으니 그는 우리가 불법을 펼치는 데 극복해나가야 할 좋은 인연이다" 하셨습니다.

암흑이 없으면 광명의 귀함을 나타낼 수 없고, 죄악이 없으면 착함과 아름다움의 가치가 나타나지 않으며, 악한 일을 많이 한 나쁜 사람이 없으면, 착한 사람을 존경할 가치를 느끼지 못하고, 비도덕적인 행위가 없으면 바로 도덕과 숭고함을 나타내 보이지 못합니다. 도덕이 있는 사람은 비단 그와 친근한 이들을 사랑할 뿐 아니라 심지어 그를 모함하여 해를 입히는 이들까지도 마찬가지로 사랑합니다.

부처님의 감정은 그의 자비를 널리 펼쳐 적까지 사랑합니다. 부처님의 감정은 원망이 없고 사사로운 감정이 없는 자비로 우리는 부처님의 제자이니 만큼 감정을 정화, 승화시켜야 하며, 크게 넓혀 우리의 감정 생활을 도덕에 맞게 하여 마치 범람하는 황하와 같은 많은 욕망의 물이 범람하지 않고 잘 흘러가도록 이끌어주고 진정시킬 수 있어야 합니다.

가장 좋은 것은 남을 기쁘게 하는 마음으로 사랑하고 지혜로운 마음으로 마음을 다스리는 태도입니다. 이는 불자의 몸으로 마땅히 주의하여야 할 것입니다. 卍

윤리 생활에 대하여

불교는 단지 감정을 중시하는 종교일 뿐 아니라 윤리 관계를 아주 중시하는 종교이기도 합니다. 부처님이 성도하신지 몇 년 안 되어 아버지 숫도다나Suddhodana 왕이 돌아가셨습니다. 왕자들이 의논하여 관을 밖으로 내어갈 때 모두 자진하여 관을 짊어지기로 했습니다. 부처님도 "나도 한몫하여 아들로서의 마음과 뜻을 다하고 싶다" 하시고 그 이튿날 다른 왕자들과 같이 부왕의 관을 메고 출상하였습니다.

불교는 조상의 덕을 추모하고 상사喪事를 당하여 예절을 정중히 하는 것을 아주 중시합니다. 위의 예는 부처님 자신이 직접 우리에게 남겨 주신 아주 귀한 본보기입니다. 부처님은 어려서 어머니를 잃고, 이모 마하프라자파티mahāprajāpatī 부인의 손에서 컸습니다. 부처님이 성도한 후 이모도 부처님을 따라서 출가하기를 원했습니다. 그 당시 인도 불교의 승단에는 비구니比丘尼가 없었습니다. 부처님도 처음에는 여자가 출가하여 도를 배우는 것을 주장하지 않았습니다. 단지 상대가 이모이며 자기를 부양해 성장시킨 어른이기에 윤리를 존중하여 방편으로 법문을 열어 마하프라자파티 등이 삭발 출가하는 것을 승낙하고 길러준 은혜에 보답했습니다.

당나라 때 도명(道明, 586~672) 선사는 속성俗性이 진陳으로 사람들이 '진 짚신'이라고 불렀습니다. 나이 많은 늙은 어머니를 봉양하기 위하여 짚신을 엮어 팔았기 때문에 사람들이 그의 효행을 존경해서 그렇게 부른 것입니다.

남송南宋의 도제(道濟, 1148~1209) 선사는 평소 지게에 한쪽은 행동이 불편한 노모를 싣고 다른 한쪽에는 경서經書를 매달아 곳곳을 다니며 설법했습니다. 사람들이 그의 고상한 행위를 공경하고 그 어머니도 존중하여 선사가 늙은 어머니를 돌보는 것을 도우려 했지만 언제나 다음과 같이 말하여 완곡히 거절했습니다.

"당신의 모친이 아니고 나의 모친이니 변소에 가든 식사를 하든 간에 아들의 몸으로 내 자신이 직접 시중 드는 것이 당연합니다."

불교는 부모의 은혜를 보답하는 것을 아주 중요시합니다. 저를 따라 출가하여 도를 배우는 젊은 제자들의 부모가 불광산에 오면 저는 항상 정성을 다해 그들을 접대합니다. 그러면 제자들은 "스님! 일이 바쁘신데 저희 부모님 때문에 애를 쓰지 않아도 됩니다. 저희 부모님은 제가 직접 돌봐드리면 돼요" 하고 말합니다. 그러면 저는 언제나 이렇게 대답합니다.

"걱정 말아라. 중국 본토에 내 모친이 아직 건재한 것을 분명히 알고 있지만, 집이 있어도 돌아가보기 어렵고, 어른이 계시나 효도하기 어려우니 너희들의 부모를 나의 부모로 여겨 조금이나마 마음을 쏟아 효도하도록 해주려무나."

불교에서는 출가하면 부모가 필요 없다고 하거나 인간의 윤리관계를 중요시하지 않거나 하지 않습니다. 자기 부모에 효도하는 것에서부터, 더 나아가 중생의 부모에게 효도해야 합니다. 이를테면 금생의 부모로부터 과거 여러 생의 부모에 이르기까지 효도하라고 합니다.

위에서 말한 여러 예는 불교가 세간의 윤리 도덕에 대해서 아주 깊고 광범위하게 중시하고 있다는 것을 설명합니다. 다만 효도하는 방법과 방향이 세간과 다를 뿐입니다. 🈁

정치

생활에

대하여

불자들이 정치에 관심을 갖는 문제는 불자가 자기의 국가를 떠난 것이 아니므로 재가자든 출가자든 간에 국가의 정치에 관하여 관심을 가지고 있는 것이 당연합니다.

우리가 매일 아침 예불에서 "나라가 튼튼하고 국민들의 생활이 풍성하며 부처님의 불빛이 더욱 빛나서 불법이 널리 펼쳐지이다" 하고 발원하는 것은 나라와 불법이 모두 융성하기를 바라는 뜻입니다. 다음의 얘기를 살펴보면 부처님도 정치에 아주 관심이 많았음을 알 수 있습니다.

부처님이 영취산에 있을 때입니다. 마가다국의 아자타사트루 Ajatasatru 왕이 왓지Vajji국을 정복하고 싶어했습니다. 왕은 대신 大臣 왓사까라Vassakara를 보내어 부처님의 뜻을 물었습니다. 부처님은 즉답을 하지 않고 곁에 있던 아난다Ananda에게 일곱 가지를 물었습니다.

"왓지 사람들은 회의를 자주 하느냐?

그 회의에 사람들이 많이 모이느냐?

요즘도 왓지 사람들은 각자 할 일들을 다하고 있느냐?

지금도 왓지 사람들은 상하가 화목하게 지내느냐?

그들은 부녀자 등 약자를 보호하느냐?

왓지 사람들은 질서를 잘 지키느냐?

요즘도 왓지 사람들은 도와 덕을 존중하느냐?"

아난다가 일곱 가지의 물음에 모두 "예"라고 대답하자 부처님은 "그러면 왓지는 망하지 않고 번영할 것이다"라고 말했습니다. 이것이 나라가 망하지 않는 칠불쇠법七不衰法입니다.

부처님의 말을 전해들은 마가다국의 아자타사트루 왕은 왓지를 정복하는 일을 그만두었습니다.

여러분께 이 이야기를 하는 이유는, 우리의 국가는 자유민주정치를 실시하여, 사람마다 법을 지키고, 교육이 보급됐으며, 위로 부모님께 효도하고 순종하고 아래로 두터운 사랑을 베풀며, 종교 신앙의 자유를 중히 여기고, 인과응보의 도리를 알고 있으니, 이것에 의지하면 우리나라는 견고하여 침공에 무너지지 않을 것입니다. 놀랍게도 부처님께서는 이미 수천년 전에 우리들이 할 바를 분명하게 가르쳐주신 것입니다. 🧚

경
제
생
활
에
대
하
여

부처님은 우리를 위해 '모든 것이 고통'이라는 실상을 들어 보이셨으며, 더욱이 우리에게 고통을 해결하는 근본적인 방법을 일러주셨습니다. 이걸로 보아서 불교는 여러분 보고 고생하라는 종교가 아니고, 우리가 어떻게 가장 높은 경지에 이르러 언제나 괴롭지 않은 즐거움을 추구할 수 있나를 가르치는 종교입니다.

어떤 사람은 불교는 향락을 반대하니 먹는 것이 부실하고, 좋은 옷도 입지 않으며, 경제문제를 전혀 중요시하지 않아 불교를 믿으면 사회문명이 진보할 수 없다고 생각하는데 사실은 이는 완전히 불교를 잘못 이해한 것입니다.

불교에서는 물론 물욕物慾을 꾸짖어, 과분하게 물질적 향락에 빠지고 과분하게 물욕의 바다에 빠져 자신을 다스리지 못하는 것을 반대하지만, 물질생활을 경시하지 않습니다.

사실 불교는 경제와 물질생활을 아주 중요시합니다. 경전에 묘사된 극락세계는 아주 장엄莊嚴한 곳입니다. 길거리는 황금으로 포장되어 전혀 오염이 없고, 건축물은 칠보를 이용하여 고운 빛깔로 번쩍이는 누각을 지었으며, 실내 설비는 카페트와 에어컨뿐만이 아니라 공기조절에 신경 써서 언제나 미풍이 불어 자연히 온누리가 따스합니다. 음향설비는 우아하게 어울리는 소리를 냄으로 물이 흐르고, 꽃과 나무, 날으는 새까지도 모두가 음악으로 불사佛事를 합니다. 그밖에 팔공덕수八功德水는 우리의 수돗물보다 더욱 맑고 시원하며, 갈증을 풀어줄 수 있을 뿐 아니라 더욱이 배고픔까지도 채울 수 있습니다.

불국佛國의 세계는 아주 부유한 땅으로 그곳에는 경제위축, 통화팽창 등의 경제 위기가 없고, 에너지 고갈, 경영의 어려움이 없습니다. 그곳에 사는 중생들은 제일 풍성한 부를 누리면서 조금도 탐하지 않는 경제 생활을 합니다.

불교에 물욕을 끊고 자기의 의지를 갈고 닦으며 고행하는 이들도 있는데 우리도 완전히 그 가치를 부정하지는 않습니다. 그러나 사회에서 적절한 물질문명을 추구하는 것은 도덕에 부합됩니다. 단지 불법不法으로 취득한 재물은 찬성하지 않습니다. 예컨대 사람들의 생활에 해독이 되는 물건을 판매하거나 인신매매 등 국법을 위배하거나 혹은 불법佛法에 위배되는 도살이라거나, 술집, 도박장 등은 금지하고 있습니다.

이것은 살생하지 말고, 도둑질하지 말고, 거짓말하지 말고, 술마시지 말고, 간음하지 말라는 등의 계율과 어긋나는 직업으로 불교는 허락하지 않습니다. 정당하지 않은 수단을 동원한 경제 범죄는 반대하며, 사기와 배신의 행위는 용납하지 않습니다.

위에서 말한 몇 가지를 제외하고도 일곱 가지 부당한 재물은 차지하면 안 된다고 경전의 곳곳에 적혀 있습니다. 일곱 가지 부당한 재물은 다음과 같습니다.

첫째, 남의 물건을 훔친 것.

둘째, 빚을 갚지 않는 것.

셋째, 남이 맡긴 물건을 중간에서 가로챈 것.

넷째, 공공의 재물을 속여 갖는 것.

다섯째, 직무를 이용하여 취한 것.

여섯째, 권세를 이용하여 얻은 것.

일곱째, 불법적인 사업으로 얻은 것.

예로 도둑질, 밀수, 매점매석, 공금 유용, 계를 깨는 행위 등등은 모두가 법을 벗어난 행위입니다. 재물을 구하는 데 도리에 맞게 해야 하며, 법을 벗어난 행위로 차지한 재물은 비록 현재 차지했다 하더라도 도리어 악인惡因을 심은 것으로 내세에서 배로 고생을 하여 갚아야 합니다.

정당치 않게 얻은 재물은 더러운 죄악입니다. 그러한 나쁜 인연으로서는 좋은 열매를 맺지 못합니다. 설사 법에 맞게 얻은 재물일지라도 가치 있고 뜻있는 곳에 써야만 합니다. 돈을 번다는 것은 복과 덕의 인연이 맞닿아야 되는 것으로, 도와 덕이 맞는 곳에 돈을 쓸 줄 아는 고도의 지혜가 더욱 필요합니다. 卍

신
앙
생
활
에
대
하
여

신앙 이야기가 나오면 사람들은 먼저 신이나 도교의 제사를 연상하기 쉽고, 심지어 어떤 사람은 불교도 신에게 묻고 점을 치는 제사 신앙으로 잘못 알고 있습니다. 불교는 생명의 발원에 관심 있는 종교로 일반의 종교와 다릅니다.

현재 우리 주위에 있는 여러 사람들을 종합해 볼 때 신에게 보살펴주십사 하고 복을 빌며 신을 믿는 사람들이 많고, 불교를 믿고 의지하며 가르침을 따라 행하는 사람이 적은 것은 그들이 불보살보다 신령과의 관계를 밀접하게 여기기 때문입니다.

사당 안에서 여러 사람들이 무리 지어 손에 긴 향을 들고 서낭신이나 신선의 신주 앞에 무릎 꿇고는 "신령이시여! 승진을 해서 돈을 벌 수 있도록 돌봐주시고 복권이 당첨되게 하소서" 한다든가, "마조媽祖께 구하옵나니! 제 아들을 돌보아 대학에 합격하게 하소서, 딸이 좋은 신랑감에게 시집가게 하소서" 하고 바랍니다.

신령이 영험이 있는지 없는지 상관하지 않고 이렇게 바라기만 하면 아물아물 오르는 연기 속에서 마치 신령도 그들을 향해 고개를 끄덕이며 미소 짓는 것 같아 결국은 왠지 마음이 아주 만족스럽고 모든 것이 잘 될 것만 같습니다.

불교는 그런 것이 아닙니다. 부처님이 대중에게 말씀하시길, "너희는 너희의 행복을 기쁘게 남에게 보시하여야 하고, 너희는 내가 지옥에 안 들어가면 누가 들어가겠는가 하는 배포가 있어야 하며, 자기를 희생하여 남을 일으키라" 하셨습니다.

이 두 가지를 서로 비교해 생각해 볼 때, 부처님을 믿으면 모든 것을 남에게 줘야 하고 나는 가지는 것이 없다고 생각되고, 또 신을 믿으면 무엇이든 만사형통하게 해준다고 생각하여 '에라! 모르겠다. 나는 역시 신을 믿겠어' 합니다.

이런 것을 보면 변변치 않은 자손은 부모한테 달라고 조를 줄만 알고, 진정으로 효도하고 순종하는 자녀는 단지 부모를 어떻게 받들까 하는 것만을 생각한다는 이야기를 연상하게 됩니다.

종교를 믿는 신도도 마찬가지로 바람직한 신도는 단지 종교와 중생에게 봉사할 수 있는 것을 추구하지 자기를 위하여 무엇을 바라지 않습니다. 변변치 않은 신도들이 종교에게 달라고 하며 자신이 바라는 것만 생각합니다.

여러분은 무엇을 바라지 않으면 얻는 것이 없다고 생각하지 마십시오. "마음에 두고 꽃을 가꿔도 꽃이 피지 않고 무심히 꽂아둔 버들가지가 우거진다"고 했듯이 구하는 것이 없으면 앞으로 얻게 되는 것이 더욱 많아집니다. 《금강경》에 "마음에 머무르지 않는 보시의 공덕은 더욱 크다"고 우리에게 가르치지 않았습니까.

한 사람이 자기의 모든 것을 신에게 맡겨버리고 신에게 자신의 자유를 구속하게 하며, 결정하게 하는 것은 정말 너무 어리석으며 너무 가련합니다. 종교를 신앙하는 것은 마음의 자유를 찾고 구하는 것이지 속박과 구속을 증가시키는 것이 아닙니다. 불교는 자기의 힘(自力)을 중요시하는 종교로 행복과 즐거움을 자기의 두 손으로 창조할 수 있습니다.

불자 여러분! 바른 믿음의 불제자가 되어야 합니다. 신의 구속으로부터 벗어나서 부처님의 자비 광명과 가르침의 단비에서 나오는 자유의 공기를 호흡하십시오. 卍

그대의 주主를 따로 찾지 말라
그대가 바로 그대 자신의 주
자기를 조복調伏받은 자
참으로 만나기 어려운 주인을 찾은 것이다

제3장

불교의 인생관

수희보시의 삶 隨喜布施

불교에서는 보시布施를 널리 권합니다. 보시에는 재보시財布施, 법보시法布施, 무외보시無畏布施 등 많은 종류가 있습니다. 그러니까 보시는 꼭 재물을 희사하는 것만이 아닙니다. 만약 꼭 재물을 희사해야만 한다면 돈이 없는 이는 곧 불교를 믿을 수 없다는 말이 되는 셈입니다.

재물을 희사하는 것은 재보시로 물론 어려운 선행의 하나지만, 법보시를 행할 수 있거나 무외보시를 행한다면 더욱 고귀한 것입니다. 보현보살普賢菩薩의 십대원十大願 중에는 수희공덕隨喜功德이 있습니다. 불교는 보시를 중요시할 뿐 아니라, 수희도 중요시합니다. 수희보시 공덕은 심지어 돈 있는 이들이 재물을 기부하는 것보다 더욱 공덕이 큽니다. 수희공덕은 광대하며 한량이 없습니다. 그럼 무엇을 수희공덕이라 부를까요?

수희는 바로 즐거움을 언제 어느 곳에서나 다른 사람에게 보시하는 것입니다. 예를 들어 아침에 일어나 사람들을 만나 "안녕하십니까? 좋은 아침입니다" 하는 반가운 인사 한 마디가 바로 수희공덕이고, 사람들과 마주칠 때 따뜻한 미소를 한 번 보내는 것도 수희보시입니다.

수희공덕의 종류는 아주 많은데, 예를 들어 수안隨眼공덕이라 하면 제가 단상에서 강연할 때 여러분 모두가 나를 주시하고 있어서 여러분이 마음을 한곳에 모아 불법을 듣고 있다는 것을 느끼게 하여 더욱 기운차고 더욱 즐겁게 강연하게 합니다. 어제 강연할 때는 오늘만큼 원기가 좋지 않았습니다. 왜 그런가 하면, 어제 단상 위는 불빛이 밝았으나 단 아래는 칠흑 어둠으로 무대 밑을 내려다봐도 어둠으로 덮여 있을 뿐 여러분의 얼굴을 볼 수가 없고 마치 망망한 큰 바닷속에 혼자 서 있는 것 같아 누구에게 이야기하는지 몰랐기 때문입니다.

오늘은 이 강연장의 조명 담당자에게 불빛을 조금 밝게 해달라고 했고 이렇게 하여 여러분이 나를 주시하고 있는 것이 보이니 더욱 기운차게 불법을 전할 수 있었습니다. 그러므로 여러분은 수안공덕을 지은 것입니다. 사실 여러분은 어제도 이미 수구隨口공덕을 지었는지 모릅겠습니다.

수구공덕이 무엇일까요? 어제 강연을 듣고 나서 여러분이 친구들을 만났을 때 그들에게 어제의 강연 내용이 어떻다고 알려주었습니까?

만약 여러분이 이야기해 주었다면 이는 바로 수구공덕을 지은 것입니다. 만약 여러분이 강연을 듣고 마음에서 우러나 열렬히 박수를 보냈다면 이것도 일종의 보시이고 이것이 바로 수수隨手의 공덕입니다. 여기에서 제일 중요한 것은 수심隨心의 공덕으로 어떤 사람이 비록 자신은 강연장에 오지 못해서 강연의 내용이 어떤지 모르지만, 마음으로는 이 일에 관심을 가지고 집에서나 심지어 어떠한 곳에서도 당신이 이 설법에 관심이 있기만 하다면, 또는 불법에 관심이 있으면 바로 모두 다 공덕이 되는 것입니다.

수희의 생활은 우리의 일상생활 가운데 언제 어디서고 실천할 수 있습니다. 이를테면 목례를 나누고 사소한 봉사, 알맞은 찬사, 진실한 성의의 관심, 모두가 수희의 생활입니다.

산해진미를 먹게 되었을 때, 친구를 청하여 함께 맛을 보면 음식의 맛이 더욱 향기로운 것을 느낄 겁니다. 당신이 고귀하고 좋은 말을 듣게 되었을 때, 친구에게도 알려 같이 기쁨을 누린다면 당신은 인생의 폭이 더욱 넓어짐을 느끼게 될 것입니다.

그리고 당신이 불법의 소중한 가르침을 당신의 친구에게, 심지어 일체의 중생에게 보시하여 줄 수만 있다면 당신의 생명은 더욱 아름답고 생활은 더욱 알차며 더욱 뜻깊어질 것입니다.

　미소를 항시 당신의 얼굴에 펼치고, "안녕하십니까" 하는 친절한 인사를 때에 맞게 당신의 입가에 달고 살면서, 수희의 공덕을 당신의 생활 속에 조화시키는 것을 잊지 마십시오. 🌼

자
비
의
삶

불교를 세우신 부처님은 위대한 성인입니다. 그의 위
대함은 오만 위에 세운 것이 아닌 자비의 자연 결정체입니다. 부
처님의 제자 가운데 눈이 먼 사람이 있었습니다. 하루는 그가 바
늘에 실을 꿰어 옷을 꿰매려 하는 것을 보고 부처님은 대신 바늘
에 실을 꿰어 한 바늘 한 바늘 옷을 꿰매어주었습니다.

또 병에 걸린 비구가 물을 먹고 싶어 하는 것을 아시고 직접 차
를 달여서 그 비구에게 먹이기도 했습니다. 부처님은 또한 중병에

걸린 제자들을 자주 돌보고 심지어 더러운 똥오줌, 피고름도 전혀 개의치 않고 직접 나서서 깨끗이 치웠습니다.

위대한 부처님, 그의 자비는 마치 따스한 바람과 태양처럼, 신분의 높고 낮음과 귀하고 천함을 가리지 않고 모든 것에 미칩니다. 자비가 곧 불법임을 부처님 몸소 실천하신 것은 우리에게 가장 좋은 계시와 본보기입니다.

수나라의 지순(智舜, 533~604) 선사가 행각참선行脚參禪을 할 때입니다. 어느 날 한 숲에 도착하여 나무 밑에서 숨을 돌리고 있을 때, 갑자기 사냥꾼의 화살에 맞아 중상을 입은 들꿩 한 마리가 선사가 앉아 있는 앞으로 도망쳐 나왔습니다. 그것을 본 선사는 죽음의 위험으로부터 도망쳐 나온 이 작은 생명을 옷소매로 싸서 보호했습니다. 얼마 지나지 않아 사냥꾼이 뛰어와 선사에게 들꿩을 돌려 달라고 요구했습니다.

"그도 목숨의 하나인데 놔줍시다."

선사가 인내심을 가지고 자비롭게 사냥꾼을 타일렀습니다. 그러나 사냥꾼은 자신의 술안주감이라면서 계속하여 선사에게 들꿩을 내어주기를 요구했습니다. 그러자 선사도 방법이 없어 행각할 때 항상 몸에 지니는 칼을 꺼내어 자신의 귀를 베어내 탐욕한 사냥꾼에게 주며 "이 귀가 너의 들꿩의 무게와 비교해 모자라지는 않은가? 가져 가서 안주를 만들게" 하고 돌려보냈습니다.

생명을 구하고 보호하기 위하여 자신의 신체를 아깝게 여기지 않고 베어내는, "중생들이 고통을 여의도록 할 뿐이지 자기를 위해 안락을 구하지 말라" 하는 이러한 덕행이 바로 자비의 구체적 표현입니다.

부처님의 십대제자 가운데 카티아야나katyayana, 즉 가전연迦旃延 존자가 부처님의 법을 펴려 인도의 변방 지역에 가서 지내게 되었습니다. 오랜 세월이 흐르자 그는 부처님을 몹시 그리워하여 어린 상좌 소나 꼴리위사(Sona Kolivisa, 憶耳)를 보내 부처님을 뵙게 했습니다. 소나 꼴리위사가 부처님이 계신 곳에 도착하자 부처님은 친절하게 그를 살펴주고, 더욱이 제자들에게 분부하길 "내 방에 침대 하나를 더 갖다 놓고 소나 꼴리위사에게 내 이불의 반을 나눠 오늘 밤 그 애를 나와 함께 자도록 하라" 하셨습니다.

모두가 이해를 못 하고, 그렇게 위대하신 부처님이 한 어린 손자 상좌에게 그렇게 큰마음을 써서 돌볼 필요가 있는가 했습니다. 제자들이 부처님의 자비가 봄의 햇빛처럼 세심하며, 따스함을 몰랐기 때문입니다.

부처님이 소나 꼴리위사를 친절하게 대하는 것은 비단 어린 손자 상좌를 돌보는 것을 넘어서, 멀리서 힘들게 부처님의 법을 펴고 있는 제자 가전연 존자를 위로하며 그로 하여금 너 자신이 비록 멀리 떨어져 있지만 너의 상좌가 이곳에 오니 모두가 마치 너를 본 것과 마찬가지로 그를 중시하고 열의로 대하는 것을 알게 하는 것입니다. 부처님이 이렇게 하신 것으로 소나 꼴리위사를 기쁘게 하는 것은 물론이고 가전연 존자도 더할 나위 없이 기쁘고 위로받을 것입니다.

부처님은 이렇게 자비한 분이고 인간미를 갖춘 성자입니다. 《아함경阿含經》에는 이러한 자비행을 곳곳에 기록하고 있습니다. 부처님의 인품은 정말 사람들로 하여금 공경하게 할 뿐입니다.

불법의 근본정신은 자비에 있으며 모든 보살의 발심發心도 대비大悲에서 시작됩니다. 비심悲心은 일체중생의 고난을 안쓰럽게 여겨 기꺼이 대신하여 받아들이는 것입니다. 옛날 사람들이 말하는 남의 고통을 보고 참지 못하는 마음이 바로 자비입니다. 여러분 모두가 자비의 삶을 자신의 생활 속에서 열심히 실천해야 합니다. 🔲

부끄러워하는 마음

불교에서 말하는 부끄러움의 힘은 굉장히 큽니다. 그 부끄러움이란 바로 자신의 좋지 않은 행위와 마음 씀씀이를 부끄럽게 느끼며 참회하고 고칠 부분을 아는 것입니다. 부처님이《유교경》에 "부끄러움으로 옷을 삼으면 위없는 장엄이다"라고 말씀하셨는데 비록 잘못을 저질렀어도 부끄러운 것을 알고 부끄러움의 옷을 입고, 지나간 잘못을 꾸준히 제거해나간다면 견줄 수 없는 장엄을 나타낼 수 있습니다.

옛사람들이 "사람들 모두 성현이 아니기에 누구나 허물이 없을 수 없다. 허물을 알고 고칠 수 있으면 그보다 좋은 것이 없다"고 자주 말하는 것은 바로 허물을 알고 고치는 태도의 고귀함을 강조한 것입니다.

그리스 왕 밀린다Milinda와 학승 나가세나Nagasena 비구 사이에 오고간 대화를 엮은 《미란타왕문경彌蘭陀王問經》에 부끄러움에 대한 말을 나눈 내용이 실려 있습니다. 왕이 나가세나 비구에게 물었습니다.

"이미 아라한과를 얻은 재가 거사가 깨닫지 못한 출가 비구에게 절을 해야 됩니까?"

나가세나 비구가 대답했습니다.

"마땅히 해야 합니다."

밀린다 왕이 이상히 생각하여 왜 그런가를 또 물으니 나가세나 비구가 곧바로 대답했습니다.

"그가 비록 아직 깨닫지 못한 비구이지만, 그는 부끄러워하는 마음이 있기 때문입니다. 부끄러워하는 마음은 그가 열심히 수행토록 자극하며, 함부로 놀지 못하게 합니다."

평상시 여러분이 재가 신도가 고기나 생선을 먹는 것을 보았어도 괜찮다고 여기고 어떤 사람은 심지어 당연하다 생각하여 즐거이 먹습니다. 그러나 한 출가인이 만약 고기나 생선이 먹고 싶다면 틀림없이 버젓하게 먹지 못하고 몰래 숨어서 먹을 것이며 내심 부끄러움을 느낄 것입니다.

　재가인은 내놓고 술을 마시고 심지어 술 내기도 하면서 큰소리로 "다시 한 번 건배!" 하기도 하지만, 한 출가인이 만약 살짝 술을 마신다면 절대로 내놓고 "건배!" 하지는 못할 것입니다. 왜냐하면 그에게는 부끄러워하는 마음이 있기 때문입니다. 이 부끄러워하는 마음은 마치 배를 움직여 앞으로 나아가도록 뒤에서 밀어주는 바닷물과 같아서, 더욱 높게 나아갈 수 있는 불도의 근본 힘이 됩니다.

　나가세나 비구가 계속해서 밀린다 왕에게 말했습니다.

　"증과證果가 없는 비구라도 가사를 걸칠 수 있고, 제자를 위하여 머리를 깎아줄 수 있으며, 계를 전하여 불법을 오래 퍼지도록 할 수 있으나, 재가 제자가 설사 초과初果를 증득했다 해도 이러한 힘을 갖출 수 없습니다."

　위의 얘기를 통해 여러분께 말하고자 하는 뜻은 한 가지 계를 범한 출가인을 지나치게 경시하지 말라는 것입니다. 부끄러운 마음을 내어 참회를 하면 앞으로 잘못을 제거할 수 있는 것으로 하얀 천 위의 한 방울의 더러움은 물로써 깨끗하게 씻어 낼 수 있는 것과 같은 이치입니다.

　여러분은 하얀 천 위의 작은 얼룩을 보고 팔짝 뛰며 놀라며 아픈 데를 찌르지 마십시오. 집에서 쓰는 더러운 걸레와 비교한다면 이 작고 작은 얼룩은 대단한 것이 아닙니다. 옛사람이 "군자의 잘못은 하늘을 보면 누구나 알 수 있는 월식과 같아, 사람들 모두가 알고 있다"고 한 것도 바로 이런 까닭에서입니다.

하얀 천은 아주 깨끗하고 희므로 조금이라도 깨끗하지 못한 것이 있으면 사람들의 눈에 쉽게 띄기 때문입니다. 더러워 조금의 깨끗함도 찾을 수 없는 걸레와 비교한다면 그 본래의 청정한 면목을 찾을 수 있는 기회가 더욱 많은 것입니다.

인광(印光, 1862~1940) 대사는 자신을 "항상 부끄러워하는 중"이라 하였습니다. 우리는 자주 부끄러운 마음을 내어야 합니다. 불법을 융성하게 발전시키지 못했고 중생을 제도하지 못한 것을 생각하면서 게으름 피우지 않고 더욱 열심히 노력해야 합니다. 덕업德業이 아직 맑지 못하니 마음을 더욱 비우고, 머리를 더욱 낮게 수그릴수록 당신의 인격은 더욱 숭고해집니다. 불자의 몸으로 부끄러운 마음을 내지 않는다면 불교를 어떠한 방법으로 널리 펼칠 수 있겠습니까? 부끄러워하는 마음은 나라를 구하고, 백성을 구하며, 불교를 구하는 원동력입니다. 🏵

지
계
하
는
삶

계율은 부처님께서 제자들의 몸과 마음을 단속하기 위해 정하신 갖가지 규율입니다. 마치 학생이 학교의 규칙을 준수해야 하고 군인이 군율軍律에 복종해야 하며, 국민은 법률法律을 지켜야 하는 것과 마찬가지입니다.

재가자이든 출가자이든 부처님의 제자가 된 사람은 삼보三寶에 귀의해야 하는 것 이외에도 부처님께서 제정하신 모든 계율을 지켜나가야 합니다. 이렇게 할 수 있으면 몸(身)과 입(口)과 뜻(意)으로 지은 삼업三業이 잘못이 있을 수 없습니다.

혹 어떤 사람은 계율은 행동의 자유를 속박하는 자물쇠라고 생각해 굳이 스스로 찾아서 계율의 구속을 받을 필요가 있느냐고 생각할 수도 있습니다. 그러나 우리가 계율을 준수할 수만 있다면 오히려 더욱 큰 자유와 해탈을 얻을 수 있습니다. 여러분이 차를 몰 때 교통법규를 준수하여 신호등을 따르며 차선을 지키면 안전하게 운전할 수 있듯이, 여러분이 계율의 교통규칙을 따른다면 인생의 여정에서 절대로 사고가 발생하지 않으며, 절대로 위험에 부딪치지 않습니다.

계율은 사람과 사람들 사이의 윤활유로 계戒가 비록 갖가지의 조목과 차이가 있지만 그 근본정신은 남을 침해하지 않는 것입니다. 내가 남을 침해하지 않으면 남도 자연히 나를 침해하지 않을 것입니다. 나를 방해하는 것이 점점 적어지고 착한 벗이 날로 늘어갈 때 하고자 하는 일은 자연히 주위의 도움을 받게 되어 뜻을 이루게 됩니다.

이렇게 볼 때 계율을 지키는 것은 결코 자승자박自繩自縛이 아니고 넓고 평탄한 길을 개척하는 것입니다. 특히 일체의 행위가 계율에 맞아 마음이 편안하고 떳떳한 것은 아주 진귀하고 소중합니다.

경전에 이르길 "나쁜 말(惡言)은 가장 단단하고 날카로운 칼이고, 탐욕은 가장 강력한 독약이며, 성냄은 제일 무서운 불길이고,

어리석음은 가장 깊고 긴 어두운 밤이며, 번뇌는 바닥이 없는 깊은 구덩이"라 했습니다. 이러한 무명 번뇌와 갖가지 죄장罪障에 대해 우리는 계율의 방패와 부끄러움이라는 갑옷과 투구를 쓰고 다스려야만 이 세상에서 가장 밝게 빛나는 등불인 지혜를 얻을 수 있습니다.

《화엄경》에서 "계율은 위없는 깨달음의 근본이니 반드시 깨끗한 계율을 지켜라, 깨끗한 계율을 지키는 것은 모든 부처님이 칭찬하시는 것이다" 하였으며, "계율은 의심하는 병을 치유하는 가장 좋은 약이니 모든 고통을 막아주는 부모와 같다. 어리석음의 어둠을 밝혀주는 등불이고 생사를 벗어나는 다리이며 끝없는 업業의 바다를 건너는 배가 된다"고 했습니다.

계율은 결코 불법을 배우는 자들만이 지켜야 하는 것이 아니고, 모든 인류가 모두 다 같이 지켜 나가야만 합니다. 감옥 속에 있는 수인들 반 수 이상이 오계五戒를 범한 사람들입니다. 고금을 막론하고 모든 나라의 안정된 사회를 위한 인류의 입법조항도 오계의 범위를 넘지 못합니다.

예로 중국 유가의 오상五常인 인의예지신仁義禮智信도 바로 불교에서 말하는 오계입니다. 살생을 하지 말라는 것은 인仁을, 도둑질을 하지 말라는 것은 의義를, 간음하지 말라는 것은 예禮를, 거짓말하지 말라는 것은 신信을, 술 마시지 말라는 것은 지智를 말합니다. 그러나 유가의 오상 인의예지신은 단지 자신을 다스리는 격려에 머물러 있습니다. 불교의 오계는 자신을 이롭게 단속하는 것으로, 오계를 수지하는 것은 바로 도에 들어가는 바른 인因으로 게으름 피우지 않고 정진할 수만 있다면 미혹한 업業이 점차 없어지고 공덕이 점점 자라나서 결국에는 성인의 지위를 얻게 됩니다.

다른 사람을 이롭게 하는 것으로 말한다면 오계는 사람의 마음을 정화하는 좋은 약으로 한 사람이 지켜나가면 한 사람이 이익을 얻으며 만 사람이 지켜나가면 만 사람이 이익을 얻습니다. 가령 전 세계 인류가 다 같이 지켜나간다면 온 인류가 바로 이익을 얻을 수 있습니다.

믿음과 인내의 삶

송나라 때의 도해(道楷, 1043~1118) 대사는 깨달은 후 선문禪門의 종풍宗風을 크게 일으켰습니다. 숭녕년崇寧年에 정인사淨因寺에 머물라는 황제의 칙서를 받고 대관년大觀年에는 천령사天寧寺로 옮겼습니다.

어느 날 황제가 사신을 보내 가사와 정조定照 선사라는 호를 하사했습니다. 대사가 사양하고 받아들이지 않자 황제는 다시 이효수李孝壽를 직접 대사의 처소로 보내 조정의 포상의 뜻을 전했으나, 대사는 역시 받아들이지 않았습니다. 황제는 이 일로 크게 노여워해 그 주州의 관리에게 대사를 잡아들이도록 했습니다.

잡혀온 대사에게 관리가 조용히 물었습니다.

"대사께서 허약하고 여위셨는데 병이 나신 건 아닌지요?"

평소 대사의 어질고 후덕함과 충성심을 아는 까닭에 그리 물은 것입니다. 그런데 대사는 그렇지 않다고 대답했습니다. 관리는 다시 물었습니다.

"만약 병이 났다 하시면 처벌을 면하실 수 있습니다."

관리는 어떻게 해서든 대사가 풀려날 수 있도록 주선을 하고 싶었던 겁니다. 그런데도 대사는 큰 소리로 대답했습니다.

"병이 없으면 없는 것이지 처벌을 면하자고 어찌 거짓으로 병을 앓는다고 하는가!"

관리는 할 수 없이 대사를 좌천시키게 되었고 이를 알게 된 사람들은 모두 눈물을 흘릴 뿐이었습니다.

도해 대사는 덕행이 숭고하고 품행이 점잖고 엄하여 황제의 지극한 영예를 받았지만 사양하고 받아들이지 않았고, 비록 처벌을 받았으나 욕됨을 참고 굽히지 않았으니 이러한 인내의 힘은 투철한 신앙에서 나오는 것으로 뒷사람들의 모범이 될 만합니다.

부처님 재세시에 어느 날 한 비구가 보석상점에 탁발을 갔습니다. 그 보석상에서는 마침 국왕께 바치기 위하여 진주를 꿰고 있었는데 스님이 탁발하러 온 것을 보고 주인이 음식을 내기 위해 안으로 들어갔습니다. 바로 그때 꿰고 있던 구슬이 바닥으로 굴러 떨어졌고 그것을 거위가 삼켜버리는 것이었습니다.

보석상이 나와서는 보석이 보이지 않자 그 비구가 몰래 훔친 것으로 잘못 알고 구슬을 내놓으라고 묶어놓고 채찍으로 비구를 마구 때렸습니다. 그런데도 비구는 사정 얘기를 하지 않는 것이었습니다. 하도 많이 맞아 비구의 몸은 해지고 피가 땅으로 튀었으나 그 거위와 함께 묶어 달라고만 했습니다. 한참 후 거위가 똥을 싸자 그때 보석이 함께 나온 것을 본 주인은 왜 처음부터 사실을 이야기하지 않았느냐고 물었습니다. 그러자 비구가 대답했습니다.

"내가 만약 거위가 진주를 삼켰다고 이야기하면 성질 급한 당신이 거위 배를 갈라 죽였을 것이 아니요" 하자 그 주인이 자기가 경솔했음을 반성하고 진심으로 귀의했습니다. 그 비구를 아주비구鵝珠比丘라고 부릅니다.

거위 한 마리의 생명을 보호하기 위하여, 살가죽이 찢어지는 채찍질을 달게 참아내고, 욕을 참아낸 비구의 덕행은 일반인으로서는 여간해서 해낼 수 있는 것이 아닙니다. 이 모두가 신앙의 힘이 아니면 불가능합니다.

우리는 불자의 몸으로 매사에 남을 이롭게 하는 것을 기본 생활원칙으로 삼아야 합니다. 국가·사회·불교·대중을 위하여 신앙의 힘으로 자기 자신이 인내하고, 마땅히 작은 자기를 희생하며, 의義를 위해 몸을 사려서는 안 됩니다. 우리의 일상생활 속에서 신심이 굳고 바르다면 자연히 인내의 힘이 솟고 강하여집니다. 이러한 인생관을 분명히 해서 실천해나갈 때 우리의 인격이 승화될 수 있고, 생명이 밝게 빛나게 됩니다. 🪷

아름다운 꽃이 두루 널린 곳에서
멋진 꽃다발을 만들 수 있네
우리가 사람으로 태어난 소중한 이 생에
온갖 가지 착한 업을 쌓아야 하리

제
4
장

불교의 도덕관

어떤 사람이 위대하고 위대하지 않음을 따질 때, 돈이 많고 적고는 기준이 될 수 없습니다.

물론 재산도 중요하지만 주된 것은 인격과 도덕이 있는가 입니다. 재산이 있고 도덕도 있는 사람이 진정으로 부유하다 할 수 있는 것이지요. 도덕은 학문적인 지식과 달라, 학문의 능력은 넉 냥이면 곧 넉 냥이고 반근이면 곧 반 근이지만 도덕은 이를 위장할 수 있습니다.

위장된
도덕

　일부 아주 간악한 사람들은 위선된 얼굴을 만들어 거짓 어짊과 거짓 의義를 행하기도 하는데 그것은 위장된 도덕입니다. 제가 젊었을 때의 일입니다. 기차를 타고 가는 길이었는데 긴 염주를 목에 걸지 않고 손에 들고 염불하고 있었습니다.

　그런데 갑자기 어떤 사람이 와서는 내 옆에 앉더니, 염주를 내 손에서 획 낚아채면서 "잠깐 빌려주쇼" 하는 것이었습니다. 그리고는 곧 중얼중얼하고 염불을 외기 시작했습니다. 그럴 때 경찰 몇 명이 오더니 그를 살펴보며, "이 사람은 아닌 것 같은데? 염불을 하잖아" 하더니 가버렸습니다. 경찰들이 가고 나자 그 사람은 염주를 나에게 돌려주고는 말 한마디 없이 가버렸습니다.

　저는 그제야 그는 본래 도둑으로 경찰이 그를 쫓자, 급히 염주를 빼앗아 들고서 경찰을 속인 것을 알았습니다.

　이렇듯 위장된 도덕은 사람을 속일 수는 있습니다. 이 세상에 많은 사람이 위장된 도덕으로 사람들을 기만하고 있지 않습니까?

윗사람이 아랫사람에게
요구하는 도덕

　중국에서 말하는 도덕이란 모두가 윗사람들이 아랫사람들에게 요구하는 것입니다. 이른바 임금과 신하의 관계로 말한다면, 임금은 신하를 예禮로 대하고, 신하는 임금을 충忠으로 대해야 하는 것입니다. 그런데 임금이 신하를 대함에 의義가 없어도 임금을 탓하는 사람은 적으며, 신하가 임금에 불충하면 역적이 됩니다.

　아버지와 자식 사이에도 그렇습니다. 아버지가 자식을 자애로 대하며 자식은 그런 부모에게 효도해야 하는데 부모가 자식에 자애롭지 않아도 잘못을 탓하는 사람은 거의 없는 반면, 자식이 부모에 불효하면 이는 곧 많은 사람의 비난을 받습니다.

　부부 사이의 관계에서도 남편이 아내를 사랑으로 대하고 아내가 남편에 정절로 대해야 하는데, 남편이 아내를 사랑하지 않고 돌보지 않으며 아내를 학대하는 예가 아주 많습니다. 둘째 마누라, 셋째 마누라 하면서 중혼까지 하여도 사회적으로 보통 있는 일이라 여기고, 반면 아내가 남편에게 정절이 없을 때는 큰 죄로 여깁니다.

　주인과 피고용인 사이에서도 주인은 피고용인에게 좋게 대해야 하며 피고용인은 주인에게 충의忠義를 중히 해야 하는데, 주인이 피고용인을 좋게 부리지 않아도 잘못을 탓하는 사람이 없고, 피고

용인이 주인에게 의롭지 못할 때는 사회 전반적으로 그를 탓합니다. 그래서 중국 사회의 도덕은 윗사람이 아랫사람에게 요구하는 도덕인데, 이는 불공평합니다.

《대지도론》에 "세상은 수레와 같고 시간은 구르는 바퀴와 같으며, 인간은 수레바퀴와 같아 어떤 때는 위에 있고 어떤 때는 밑에 있게 된다"고 했습니다. 이렇게 볼 때 윗사람이 아랫사람에게 요구하는 일방적인 도덕은 인격을 존중하지 않는 것이니 현대 인권존중의 원칙이 아닙니다. 따라서 이러한 도덕은 궁극적이지 않은 도덕입니다.

청정하지 못한
도덕

우리 사회에는 청정하지 못한 도덕이 또 하나 있는데, 이른바 시험관 아기 같은 것입니다. 아기를 낳으려고 먼저 시험관 속에서 수태시켜 임신시키는 이러한 아기가 장래에 그의 부모에 대해서 도대체 누군가 하고 의심을 품지 않을 것 같습니까? 이렇듯 인류 도덕이 완전하지 않은 것을 청정하지 못한 도덕이라 합니다.

어떤 사람들은 연약함을 찬미하는 것 같은 말투로 "그 사람 정말 좋은 사람이야. 욕해도 가만있고, 때려도 대들지 않으니, 그는 남들이 깔봐도 달게 받거든" 하는데, 이런 것이 도덕이라고 생각하십니까?

부자를 저주하여 "흥! 제까짓 게 뭐야! 돈이 그렇게 있다 해도 나야말로 그를 우습게 보지" 하고 말하는데, 그런 사람은 다른 사람이 돈이 있으면 저주해도 마땅하다고 여기니 이런 것에 도덕이 있습니까?

빈궁함을 찬미한다든가 기쁨과 즐거움을 도외시하든가 심지어 정당한 가정윤리와 감정을 질책한다든가, 또한 인간적인 책임을 방치하거나 사회 대중에 봉사하는 마음을 내지 않으며 중생으로부터 도피하여 자기 혼자 고고하다고 여기는 이러한 것이 도덕이라고 하겠습니까?

본래 당연히 먹는 것을 안 먹고 마땅히 입어야 할 옷을 안 입으며 일부러 나쁘게 먹고 누더기를 입어 꼭 빈궁하고 천하며, 가련함을 나타내야만 도덕이란 말입니까?

모든 상황을 두고 자세히 생각해보면 얼핏 도덕 같아 보여도 사실 진정한 도덕이라고 할 수 없는 것이니 이것이 바로 청정하지 못한 도덕입니다.

의문점이 있는
도덕

우리가 인류 행복을 위해서 많은 동물을 이용하여 시험하고 그들의 생명을 상하게 하여 앞으로의 우리 건강과 장수를 구하는데 이것을 도덕이라 할 수 있습니까?

또한 바퀴벌레나 쥐를 잡아 죽이는 것은 인류의 입장에서 말한다면 그리 틀린 일이 아니지만 모든 생명체의 입장에서 말한다면 꼭 그들을 소멸해서 우리가 산다는 것이 곧 의문의 도덕 아니겠습니까?

이런 식으로 우리 인간에게는 무엇이 옳고 그른지 의문스런 많은 도덕적 상황이 있습니다.

그 밖에도 어떤 사람들은 책임에서 도피하기 위해, 혹은 감정에 휩말려서, 금전적인 빚 때문에 자살을 했다면 이런 행동을 도덕이라 할 수 있겠습니까? 그저 죽으면 그만인 것일까요? 만약 자살이 부도덕이라면 많은 성현들이 자기 목숨을 버리더라도 의를 좇아 몸을 희생한 살신성인殺身成仁은 무엇이라 말할 수 있을까요? 국가를 위하고 인류의 이익을 위하여 자기를 희생하는 이러한 행동을 위대한 도덕이 아니라고 말할 수 있을까요?

만약 어떤 이가 사람을 죽였다면 그건 크나큰 부도덕일 것입니다. 그런데 그 일로 법관이 사형을 내리는 것이 과연 도덕에 맞는 일일까요? 법관이 사형을 언도하는 것은 처벌을 내리는 그도 매우 고통스럽고 괴롭지만, 사회의 안녕과 질서 유지를 위해서 할 수 없이 하는 것입니다. 비록 사형 판결을 내려 사람을 죽이게 되었지만, 이를 부도덕이라고 말할 수 있을까요? 심지어 어떤 사람들은 안락사를 주장합니다. 사람이 병이 심할 때 이토록 고통스럽게 살게 하느니보다 그를 돕는 뜻에서 주사 한 대로 생명을 끝맺게 하자는 것입니다. 그의 고통을 차마 보지 못하는 입장에서, 그의 고통을 없애기를 바라는 것인데, 이를 부도덕이라 할 수 있을까요?

지난 세월 전쟁을 치르면서 많은 사람들이 죽었습니다. 그런데 불교는 불살생이니 적을 죽인다면 계율을 범하는 것인데 나라를 찾으려고 적을 죽이는 것이 합당한가 하는 문제도 있습니다. 공산당의 학정 속에서 우리 동포를 하루빨리 구해내기 위한 행위였는데, 이를 부도덕하다고 할 수 있을까요?

만약 성내는 마음으로 사람을 죽인다면 이는 부도덕이고, 계율을 어긴 것입니다. 자비의 마음으로 사람을 죽여 그에게 고통받을 수많은 사람들을 구해내는 것이라면 이는 대승보살적인 도덕입니다.

그럼 요즘의 의사처럼 의학 실험을 위하여 인체를 해부하고, 어떤 경우에는 이 사람의 신체기관을 저 사람의 몸에 이식하는 것은 자비에 근거하는 것인데 이것도 도덕에 합당한 것일까요?

현대 문명국가의 대부분은 중혼을 부도덕하다고 여깁니다. 그런데 한 천주교의 주교가 아프리카에서 전교할 때 팔백여 명의 부인을 얻었습니다. 왜냐하면 그곳 법률에 여인은 반드시 결혼을 해야만 출국을 할 수 있었기 때문입니다. 이 자비로운 노주교가 그곳에서 노예나 마찬가지 대접을 받는 부녀들을 데려다 다른 곳에서 행복하고 아름다운 나날을 보내게 하려고, 할 수 없이 오늘은 이 여자와 결혼하고 내일은 저 여자와 또 결혼하지 않을 수 없었습니다.

그럼 다들 부도덕하다고 말하는 중혼을 해서 그들이 고통스러운 상태를 벗어나도록 도왔는데 이것은 도덕입니까? 아니면 부도덕입니까?

일본 불교 정토종淨土宗의 한 종파인 정토진종淨土眞宗의 개조開祖 신란(親鸞, 1173~1262)은 출가인으로 삼백여 명의 아내를 얻었습니다. 색을 밝혀서가 아니라, 당시 비천한 계층의 여인들을 가엾게 여겨 그들의 신분을 끌어올리기 위한 계책이었습니다. 그러면 이것은 도덕일까요 아니면 부도덕일까요?

너무나 가난하여 조금이라도 먹을 것을 절약해 부모를 봉양하고자 자기 아들을 묻어 버린 곽거郭巨는 중국 역사상의 다시 없는 효자로 불리고 있습니다. 효를 위해 자식을 버린 행동은 도덕입니까 부도덕입니까? 이렇듯 도덕과 부도덕의 기준은 개개인의 마음 속에서 출발해 사람들에게 유익한 것은 도덕이요 사람들에게 해로운 것은 부도덕이라고 합니다. 곧 출발점이 자비라면 궁극적인 도덕이며 그렇지 않다면 비록 좋은 일이라 해도 결국 궁극적이지 못한 도덕이 됩니다. 🙏

불교 도덕에 대하여

도덕의 기준은 마음 속에서 시작된다고 앞서 말했습니다. 그러면 불교 도덕은 어떨까요? 불교에는 세간과 출세간의 두 가지 도덕이 있습니다.

도덕이라는 것은 사람과 사람 사이의 관계에 관한 문제입니다. 사람과 사람 사이의 관계에서도 가장 가까운 것은 아무래도 한집 안 식구들입니다. 그리고 직장에서도 여러 인간관계가 있습니다.

한집안 식구
사이의 인륜 도덕

식구들끼리 화합하고 서로 존경하는 도리란 어떠한 것일까요?

자식이 부모에게 어떻게 하여야만 도덕의 기준에 맞을지, 부모가 자녀에게 어떻게 대하여야만 도덕에 맞을지 경전에 쓰여 있는 것을 토대로 말씀드리겠습니다.

첫째, 부모에 대한 자식의 다섯 가지 도덕입니다. 가업을 지키고 이어나가는 것, 조상에 대해 제사 지내는 것, 가문과 조상을 빛내는 것, 가문을 이어나가는 것, 조건 없이 부모를 봉양하는 것 등입니다.

선조로부터 물려 받은 것들을 유지하고 보호하는 것은 당연한 도리이고, 제사를 지냄으로써 조상을 기려야 합니다. 자신이 행하는 행동으로 가문과 조상을 빛낼 수 있어야 하고 자녀된 도리로 부모님으로부터 받은 혈맥을 이어나가야 합니다. 연로하신 부모님은 어떠한 상황에서도 아무런 조건 없이 모시고 필요한 것이 있으면 봉양해야 합니다.

둘째, 자녀에 대한 부모의 다섯 가지 도덕입니다. 양육하는 것, 공부시키는 것, 결혼시키는 것, 올바른 길로 이끄는 것, 가업을 잇도록 하는 것 등입니다.

부모는 마땅히 자녀를 잘 양육하고 성장시킬 책임이 있습니다.

가장 좋은 교육을 받도록 해야 하며, 나아가 행복하고 원만한 결혼을 시켜야 합니다. 바른 길로 가도록 항상 이끌어주며 아름답고 좋은 전통을 세워 이어나갈 수 있도록 해야 합니다.

셋째, 부인에 대한 남편의 네 가지 도덕입니다. 깨끗한 몸으로 사랑하고, 아내에게 가정을 맡기고, 예쁘게 꾸며주고 예로써 존중하는 것입니다. 교제나 사교를 핑계로 밖에서 외도해서는 안 되며 깨끗한 몸으로 아내를 사랑해야 합니다. 남편은 가정을 관리하는 주권을 부인에게 맡겨야 하며 부인이 안락한 생활을 하도록 해주어야 합니다. 또한 아내는 하녀가 아닙니다. 노예는 더욱 아니니 자기 몸처럼 존중하고 예의로 대하여야 합니다.

넷째, 남편에 대한 부인의 네 가지 도덕입니다. 남편을 챙겨주고, 깨끗이 집안 정리를 하고, 재산을 관리하며 정절을 지켜야 합니다. 아내는 남편을 미소로 대하며 친절하게 성의를 다해서 챙겨주어야 합니다. 어떤 이는 남편이 외도를 한다며 탓을 하는데, 어째서 외도를 하는 것인지 원인을 생각해 보았는지 궁금합니다. 남편이 수고하고 집에 들어왔을 때 냉랭한 얼굴을 하고, 맛있는 음식을 해주지도 않고 입으로는 계속 "다른 집 남편들은 돈도 잘 벌고 생활이 그렇게나 좋은데, 당신은 재주도 없고 돈도 못 벌우" 하니 남편은 집에 오는 것이 지옥에 들어가는 기분일 것입니다. 만약 이럴 때 한 여자가 그에게 친절하게 미소를 지으며 상냥한 말투로 이해심 있게 대하면 남편은 그 여자에게 넘어갈 겁니다. 남편이 올바르지 않고 외도하는 행동이 모두 남편의 탓이라고만 할 수 없다는 것이 제 생각입니다. 부인도 책임의 반을 져야 합니다.

아내가 집안을 청결하게 정리해 남편이 집에 돌아왔을 때 마치 호텔에 들어선 것 같이 느낀다면 그는 당연히 집에 돌아오고 싶어 할 것입니다.

재산을 잘 관리하고 욕심을 부리지 않아야 합니다. 손해를 보았다, 사기를 당했다는 것은 모두 자신의 탐심에서 비롯해 생겨나는 일입니다. 아내는 이자놀이나 계 등 사소한 이익을 탐하려 하지 말고 재산에 관한 일은 어떻게 관리해야 할 것인가를 남편과 자주 의논해야 합니다. 또한 한 사람의 아내가 된다 하는 것은 결혼한 그때부터 이 세상에 자기 남편보다 나은 남자는 없다 하는 굳은 마음이 있어야 합니다.

직장에서의
인륜 도덕

이렇게 가족관계에 대한 도덕 외에 경전에서는 주인과 일꾼의 도덕에 대해서도 말하고 있습니다. 요즘으로 보자면 직장 상사와 부하직원의 관계라고 말할 수 있겠습니다.

주인은 일꾼에게 능력에 맞는 일을 시켜야 하고, 의식衣食을 해결해주어야 하며, 병이 나면 치료를 해주고, 격려와 포상을 해주어야 하며, 휴일과 휴가를 꼭 지켜주어야 합니다. 능력에 맞는 일을 시킨다는 것은 아랫사람인 이상 그의 능력에 한계가 있으니 그것을 파악해 능력에 맞게 일거리를 주고 그것을 넘어선 무리한 요구를 해선 안 된다는 뜻입니다.

옷과 먹을 것을 해결해준다는 것은 요즘의 표현으로 하면 임금을 적절히 지급해야 한다고 말할 수 있습니다. 건강관리 또한 아주 중요합니다. 비록 일꾼이지만 건강과 생명은 어느 누구에게나 마찬가지로 중요한 것입니다. 상사라면 단지 아랫사람의 물질생활에만 치우치지 말며, 그들도 정신적인 생활이 필요하니 위로와 격려와 상을 줘 그들에게 자기의 일처럼 하게 해줘야 합니다.

윗사람은 아랫사람에게 과도하게 일을 시켜서는 안 되며 그들의 여가생활과 오락활동 등도 책임지고 해결해줘야 합니다.

그러면 아랫사람의 주인에 대한 도덕도 있을 것입니다. 우선 주인보다 먼저 일어나는 것입니다. 또 주인보다 늦게 잠들고, 부지런히 일하며 주인을 헐뜯지 않아야 합니다. 일을 할 때는 마땅히 충심으로 해야 하는데 부지런하게 일을 하며 책임감을 갖는 것이 중요합니다. 일이 좀 힘들다고 뒤에서 상사를 헐뜯는다거나 비판하지 말고 그의 여러 가지 공덕을 찬양해야 합니다. 또한 상사의 신임을 얻으려면 충심을 다하는 것 이상은 없습니다. 예부터 충의忠義는 우리의 전통적인 미덕이었습니다.

불교에서는 유가와 마찬가지로 인륜 도덕을 아주 중시합니다. 특히 한집안 식구들 간의 화합과 인간끼리 서로 존경하는 것은 사람을 본위로 하는 불교에서는 아주 중요한 일입니다.

감사와 분수를 아는 경제 도덕

각 개인의 가정경제를 이야기한다면, 어떤 사람은 부유하고 어떤 사람은 가난합니다. 부유한 가정이라고 해서 생활이 행복한 것은 아니며, 가난한 가정이 도리어 화목하고 즐거울 수 있습니다. 이 세상의 어떤 사람들은 부귀는 함께할 수 있으나 가난은 함께할 수 없고, 어떤 사람들은 가난은 함께할 수 있으나 부귀는 함께 누리지 못합니다. 사실 가난하든 부유하든, 경제생활 속에서 감사하는 마음의 미덕이 있으면 아름답고 행복한 생활을 누릴 수 있습니다. 행복하고 화목한 가정은 물질적인 부유에서 오는 것이 아니며, 정신적인 도덕은 모든 즐거움의 근원입니다.

감사하는 마음의 경제생활이라고 하는 것은 한 톨의 쌀이라도 쉽게 생기는 것이 아님을 생각하고 감사하는 마음을 가져야 한다는 것입니다. 한 가닥의 실, 한 조각의 천 모두가 간단한 일이 아닌데, 오늘날의 사회는 분수를 지켜 만족할 줄 알고 은혜에 감사하는 마음을 갖는 사람이 아주 적습니다. 요즘처럼 경제가 발전하여 넉넉하여도 많은 사람이 여전히 행복함을 느끼지 못하는 것은 바로 이런 까닭입니다.

불교에서 즐거운 생활로 행복한 삶을 살기 위해서는 어떻게 해야 할까요.

첫째, 방법을 갖추는 것입니다. 방법은 곧 지혜입니다. 예로 정부에서 가정의 거실을 공장으로 바꾸자고 하며, 가정 부업을 제창했는데, 궁하면 방법이 생기고 방법이 생기면 통하는 법입니다. 재산을 모으는 방법은 아주 많으나, 올바르고 중생에 유익한 것이어야 합니다.《아함경》에는 농업·상업·축산업·건물대여업·건축업·가구제조업 등 여섯 가지를 재가 신도 모두가 합법적으로 벌어들이고 거둬들일 수 있는 업종으로 밝혀 놓았습니다. 그러나 매춘업·도살업·술을 팔고사는 것·점복·저울을 속이는 등의 수단으로 취득한 금전은 부당한 것입니다.

둘째, 도리를 갖추는 것입니다. 경제생활을 합리적으로 하려 한다면 도덕으로 기초를 삼고 정당한 말과 행동을 통한 사업으로 자기의 재산을 지키고 보호할 수 있으며, 부지런함과 법을 지키는 것만이 재물을 늘리는 도리의 근본입니다.

셋째, 좋은 벗을 사귀는 것입니다. 좋은 친구와는 왕래하지 않고 마시고 놀기 좋아하는 친구들을 사귄다면 재산을 잃고 없애기 쉽습니다. 불법에 재산을 잃어버리는 여섯 가지 원인을 술을 좋아하고, 도박을 즐기며, 방탕함, 때 아닌 때 하는 엉뚱한 짓, 기생집에 드나드는 짓, 나쁜 벗을 사귀는 것 등으로 말합니다. 좋은 친구를 사귄다는 것은 정직한 친구, 관대한 친구, 해박한 친구를 사귀는 것으로 이는 생활을 즐겁게 하는 재산이므로 잃어버릴 염려가 없습니다.

넷째, 정명正命을 갖추는 것입니다. 정명은 정당한 직업과 정당한 경제생활이 있어야 하는 것으로, 수입과 지출을 이치에 맞게 하는 것입니다. 삶에 있어서 부는 완전히 돈으로 기준하는 것이 아닙니다. 중요한 것은 은혜에 감사하고 분수를 지키는 태도입니다. 옛말에 "분수를 알고 지키는 사람은 땅 위에 누워 있어도 그곳을 천당으로 생각하고 분수를 모르는 사람은 천당에 있어도 지옥에 있는 것처럼 생각한다"고 했습니다. 재산이 많아도 여전히 부족하다 여기는 사람도 있고 내일의 식량이 없더라도 그 기쁨에 흔들림이 없는 사람들도 있습니다.

도연명(陶淵明, 365~427)은 쌀 다섯 되를 위해 허리를 굽히지 않았으며, 홍일(弘一, 1880~1942) 대사는 절인 채소 한 가지로만 식사하는 것을 보고 물었을 때, 짠지에는 짠지의 맛이 있다고 했습니다. 마하카사파(Mahakassapa, 大迦葉) 존자는 무덤에서 수행했으며, 공자의 제자인 안회顔回는 쓰러져가는 오막살이에 살았는데 그들이 그것을 고생으로 여기지 않은 주된 원인은 분수를 알고 만족하는 수양이 있었기 때문입니다.

분수를 알고 만족함이 있으면, 한 걸음 더 나아가 사회에 대하여 은혜에 감사하는 마음이 있어야 합니다. 우리가 옷을 입을 수 있는 것은 우리를 위해 천을 짜는 근로자가 있기 때문이며, 우리가 밥을 먹는 것은 우리를 위해 벼를 심는 농부가 있기 때문이며, 연예인이 없다면 매일 오락 프로를 볼 수 없고, 버스 운전기사가 없다면 매일 집을 나섰을 때 탈 차가 없는 것을 생각해야 합니다.

우리가 인간 세상에서 살아나갈 수 있는 것은 우리가 필요로 하는 것을 제공해주는 사회 대중과 함께 살아가고 있기 때문입니다. 사회 대중이 없으면 우리는 생활해나갈 수가 없습니다. 그러기에 우리는 분수를 알고 만족하며, 은혜에 감사하는 마음 위에 경제 도덕을 건립해야 합니다. 🙏

사회도덕에 대하여

불교가 말하는 사회도덕은 사회 대중의 인간관계를 말합니다. 그 인간관계는 성실하고 속이지 않는 것입니다. 사람과 사람 사이에 어떻게 교류해야 하는가를 불법은 사섭법四攝法의 법문을 통해 나타냅니다.

이러한 사섭법은 바로 보시布施, 애어愛語, 이행利行, 동사同事입니다.

남을 위한 삶이
곧 자신을 위한 삶

보시는 재산을 늘리는 방법이라고 말한 적이 있는데, 금전 보시에만 한하는 것이 아니라, 노력·기쁨·지혜 등의 보시가 있습니다. 보시할 줄 아는 사람만이 진정으로 부유한 사람입니다. 언어와 정신과 물질을 막론하고 보시하여 인연을 맺는 것이 핵심으로 사람과 사람 사이에서 가장 좋은 선의의 표현입니다.

애어는 세상에서 가장 아름답고 좋은 소리입니다. 세상에서 싸움과 오해가 자주 발생하는 것은 바로 애어를 모르는 데서 비롯되는 불행입니다. 사람들은 모두 남의 칭찬과 보살핌을 좋아합니다. 만약 사람들을 잘 돌보고 아끼는 말을 잘 한다면, 사람들과 인연을 맺게 될 뿐만이 아니라 사람과 사람 간의 관계를 증진시켜주기도 합니다.

이행은 남에게 이로운 행위를 하는 것을 말합니다. 속담에 "사람들에게 편리를 주는 것이 바로 자기 자신에 편리를 주는 것이고, 남을 돕는 것이 바로 자기를 돕는 것"이라고 했습니다. 말 한마디 하여 남을 도우면 남도 당신을 돕습니다.

동사는 인연을 따르고 대중을 따르는 마음이 있어야 합니다. 가령 상대가 군인이면, 당신은 군인의 화제를 이야기하여야 하며, 상대가 교육 관계자일 때는 교육 방면의 이야기를 하며, 상인에게는 상인의 이야기를 하며, 젊은이에게는 젊은이의 말을 해야 합니다. 이렇게 할 수만 있다면 인간관계가 쉽게 맺어질 수 있습니다. 자애로운 어머니가 자신의 아이에게 음식물을 먹일 때, 수저 속의 음식물을 아이의 입에 먹여 주는 것인데, 무의식중에 자신도 입을 같이 벌리게 됩니다. 이것은 마음속에서 우러나오고 자비에서 나타나는 동사의 현상입니다. 조금 더 남의 입장에 서서 생각해야 합니다. 가령 좋은 일이고 좋은 말이면 '당신은 어떻고 어떻다'고 말하며, 만약 타이르는 말을 하고 싶다면 '우리가 앞으로 어떻게 하자'고 말하는 것입니다.

조화로운
인간관계를 위하여

사회도덕은 인간관계를 좋게 처리하는 것이 중요합니다. 인간관계에 대한 접근은 아주 복잡하나 지금 간략하게 몇 가지로 설명하겠습니다.

먼저, 친우 사이의 관계입니다. 인간세계에서는 친족 관계가 있어 친족들 서로 여러 가지 도울 일이 생기기 마련이지만, 인간관계에서는 친한 관계일수록 시비와 번뇌가 더욱 많이 생깁니다. 도리에 맞게 대하며, 주는 것으로 받는 것을 삼는 것이 가장 좋으며,

아무쪼록 금전의 왕래만 있어서는 안 됩니다. 친우 관계는 서로 위로하고 격려하며, 재물과 행복을 지켜주고, 인격을 존중해주며, 잘못은 덮어주고 좋은 일은 드러내어 바른길로 나아가게 하여야 합니다.

다음은 임금과 신하의 관계입니다. 상관과 부하, 지도자와 간부사이에서 서로가 믿고 서로 의지하여야 합니다. 부하가 되는 사람은 "좋은 새는 나무를 가려 집을 짓고, 충신은 임금을 가려 섬긴다"는 지혜와 절조가 있어야 합니다. 한번 날아올랐다 하면 천상에 이르는 봉황은 오동나무가 없으면 내려앉아 쉬지 않으며, 충심이 곧은 신하는 현명한 왕을 만나지 못하면 벼슬조차 하지 않습니다. 지도자가 사람을 알아 잘 쓸 수 있으면 인재를 등용할 수 있습니다. "세상에 백낙伯樂이 있고 나서 천리마가 있다. 천리마는 항상 있지만, 백낙은 늘 있지 않다"는 고사가 있듯이, 좋은 말은 훌륭한 감정가가 있어야 나타납니다. 물론 사람 모두가 전부 천리마일 수는 없지만 우리는 사람을 알아볼 줄 알아야 합니다. 이것은 한 지도자가 필수적으로 구비해야 할 조건입니다.

신앙과의 관계 역시 중요합니다. 사람은 신앙이 없을 수 없는데, 신앙이 있으면 사람과 불보살과의 관계, 스승과 제자의 관계, 도반의 관계가 있게 됩니다. 여러분께 말씀드리는 것은 여러분이 불자가 되었는 바, 불법을 지키고 보호하는 것이 가장 중요한 책임이라는 말입니다. 실천하는 방법 역시 중요합니다.

첫째 사람을 보호하는 것보다 더욱 불법을 보호해야 하며, 둘째 신을 따르는 것보다 더욱 부처를 따라야 하며, 셋째 한 개인을 보호하는 것보다 더욱 승단을 보호해야 하며, 넷째 절을 지키는 것보다 더욱 교단을 지켜야 하고, 다섯째 노인을 보호하는 것보다 더욱 어린이를 보호해야 하며, 여섯째 재물을 지키는 것보다 더욱 도리를 지키기를 희망합니다.

끝으로 직업과의 관계입니다. 사람인 까닭에 사회에서 처세하면서 생활하지 않을 수 없는데 생활을 하려면 여러 가지 직업과 관계를 맺어야 합니다. 교육을 받을 때는 선생님과의 왕래가 있고, 먹고 입고 할 때는 농부와 기술자와 상인의 내왕이 있어야 합니다. 어떠한 직업상의 왕래를 막론하고 기만하지 않음은 제일 중요한 도덕입니다.

이 밖에도 스승과 제자의 관계, 급우 관계, 출신지 관계 등등 어떠한 인간관계에서라도 오계 중의 불망어계不妄語戒를 반드시 받들어 행해야만 남을 속이지 않고 성실할 수 있습니다. 이솝우화에 나오는 양치기 소년처럼 거짓으로 늑대가 왔다고 소리치는 것은 오늘의 사회에서는 잠깐의 효과밖에 없습니다.

사회도덕은 위에서 말한 임금과 신하, 친구, 남편과 아내, 주인과 피고용인의 관계 같이 세상의 인간관계를 모두 다 조화시킨 것입니다. 친구 간에는 서로 지켜주고 도우며 존경하고, 믿어주어야 합니다. 부부간에는 서로 몸을 깨끗이 하며 자신을 아끼고 존경하며 사랑으로 예를 갖추어야 합니다. 주인은 피고용인을 대할 때 수고를 위로하고 상으로 격려하며, 피고용인은 주인에 대해 충심으로 직무를 지켜나가며, 주인은 피고용인이 책임감을 갖고 일을 할 수 있도록 기운을 북돋아 주인의 사업에 전력을 다하도록 해야 합니다. 이렇게 되어야만이 성실하고 속임수가 없는 사회도덕의 기풍이 세워집니다. 🔖

정치
도덕에
대하여

지금은 자유민주주의의 시대입니다. 우리가 관심을
두는 것은 민주정치이고 자유민주정치에는 그것에 맞는 도덕이
있습니다.

어떤 정치 후보자가 민중의 신임을 얻기 위하여 닭을 잡아 제
사를 지내면서 맹세를 했는데, 펄펄하게 살아 있는 닭 한 마리를
천만 명의 사람들 눈앞에서 쳤습니다. 닭 모가지가 잘려 땅에 떨
어지는 이러한 것이 도덕에 합당합니까?

정치, 나라와 국민을 사랑해야

어떤 사람은 서낭당에 가서 서원하길 '만약 내가 당선되면 어떻게 어떻게 하겠으며, 만약 이렇게 하지 않으면 온 가족을 죽도록 하겠습니다' 하는 주문을 외우는데, 만약 온 가족이 다 죽었다고 할 때 당신 혼자 살아서도 가치가 있다고 하겠습니까?

한 사람의 인격이 고상한지 아닌지, 도덕적으로 사람들의 존경을 받는지 아닌지는 평상시에 인격을 닦은 정도에 의해 나타납니다. 당선되어야만 진정으로 대중의 뜻이 모인 것이 아닙니다. 닭의 목을 치는 비인도적인 거동을 내보여 설사 대중의 신임을 얻었다 하더라도 그것은 부도덕한 행동입니다.

민주정치의 시대는 이성이 필요한 시대입니다. 가오슝(高雄) 현장縣長 선거 전쟁이 격렬하게 벌어질 때, 전임 모 의장이 정견을 발표하면서 자신이 의회에서 18년 동안 봉사했다고 말했습니다. 청중이 그 말을 듣고는 감동을 받아 그를 지지해야겠다고 하였습니다.

그러나 18년 봉사한 것이 무어 대단합니까. 국민당이 대만으로 옮겨와 오늘에 이르도록 우리 모두를 위해 봉사한 것을 알고 있습니다. 그 집안에 누구와 누구가 무슨 벼슬을 했고 전 가족 모두가 우리를 위해 일한다고 했는데, 사실상 그들 한정된 몇 사람이 전

국민을 위해 봉사한 국민당의 그 많은 사람들과 비교될 수 있습니까?

그러므로 우리 민주정치는 이성과 지혜가 있어야 하는 것이지 말로써 사람 마음을 감동시키는 것이 아닙니다.

마음의 진정한 모습은 겉모습에 드러난다고 했듯이, 민중을 위해 복리를 모색하고, 봉사할 마음이 있고, 진정한 마음속 소망을 드러낼 수 있다면, 그의 몸을 통해 드러나는 말과 행동이 사람을 감동시킬 것이고 지지를 받을 것이 틀림없습니다.

나중에 가서 당선되든 낙선되든 간에 모두 영예스러운 것입니다. 만약 돈을 써서 정치를 하겠다는 마음이 있다면 근본이 바르지 않기 때문에 부도덕한 것입니다. 정치가가 모든 것을 아끼지 않고 큰 몫의 돈을 쏟아 넣은 것은 단지 명예를 얻기 위해서가 아니기 때문에 틀림없이 교묘한 방법으로 후에 본전을 긁어모을 것입니다.

저는 결코 정치를 좋아하지 않으며, 또한 나한테 부탁하는 사람도 없고, 누가 당선되길 바라는 마음도 없으나 내 나라를 사랑하지 않을 수 없고, 우리 사회를 사랑하지 않을 수 없으며, 우리 전 국민의 생활을 사랑하지 않을 수 없기 때문에 이를 설하는 것입니다. 정치 도덕을 준수치 않는 사람은 좋은 결말이 있을 수 없는데 그것은 필연의 응보이기 때문입니다.

전륜성왕의
덕화 정치

불교에서 전해오는 말에 만약 싯다르타 태자가 출가수도 하지 않고 왕위를 이어 받았다면 용감하고 현명하며 인자한 왕이 됐을 것이라고 합니다. 이른바 전륜성왕轉輪聖王의 정치가라 하는 것은 바로 일종의 자유민주주의 정치로《장아함경長阿含經》에 들어 있는《전륜성왕수행경轉輪聖王修行經》에 근거합니다. 윤왕輪王의 정치는 칼과 몽둥이로 사람을 굴복시키는 것이 아니라 법으로 통치하는 것이고 오계십선五戒十善을 행하는 덕화德化 정치이기도 합니다. 이러한 정치의 내용은 이렇습니다. 윤왕의 한 태자가 부왕에게 물었습니다.

"전륜성왕의 바른 법은 어떤 것입니까. 또 마땅히 어떻게 해야 합니까?"

윤왕은 대답했습니다.

"당연히 법에 의하여 법을 세우고, 법을 공경하고 존중하며, 관찰하며, 법을 으뜸으로 하며, 바른 법을 지키며, 왕자와 대신과 여러 관료를 가르치고 타이르며, 법으로 백성과 새와 짐승들까지 사랑으로 보살펴야 한다. 군주는 현자와 학자, 고승을 가까이 해야 한다. 왜냐하면 그들은 무엇이 선이고 무엇이 악인지, 무엇이 죄짓는 것이고 무엇은 아닌지, 또한 어떤 사람을 가까이 해도 되고 어떤 사람을 가까이할 수 없는지, 어떤 것을 행해도 되고 행하면 안되는지, 무슨 법을 시행하면 백성들의 생활을 즐겁고 평안하며 이롭게 하는지 등의 도리를 알기 때문이다."

윤왕의 다스림은 자선을 특히 중시하는데 가난하고 외로운 노인들에 대해서는 구제하여 편안히 살게 하며, 가난한 사람에게는 도움을 주고, 공공사업으로 우물을 파서 길 가는 사람들이 마시게 하거나 강가에 나룻배를 설치하여 돈을 받지 않고 사람들이 강을 건너도록 합니다.

불교에서 말하는 이러한 정치 도덕은 법으로 다스리기 때문에 원망하고 반대하는 사람이 없으며, 보시하고 계율을 지키며, 사람들을 널리 사랑하고, 집안을 다스리며, 백성들이 풍성하고 부유하여 동네 일을 내 집 일처럼 관심 갖고 처리하며, 전 국민이 서로 존경하고 사랑하여 갖가지 대중오락을 서로 나누어 즐기니 태평성대의 기상을 나타내 보입니다.

태허(太虛, 1896~1947) 대사는 불교의 정치에 대한 태도를 이렇게 말했습니다.

"정치는 물어보되 다스림에는 간여하지 않는다."

불교는 자유민주주의 정치 도덕에 대해서도 나름대로 이상이 있습니다. 예를 들어 《장아함경》에 있는 《유행경遊行經》 속에 '나라를 다스리는 일곱 가지 법' 일화가 있습니다. 정치의 이상을 담론하는데 아주 교묘히 해서 침략 전쟁이 일어나지 않도록 화해시

켰습니다. 민주 집회, 화합 단결, 전통 보존, 어른 존경, 교육 보급, 종교의 자유 보장, 생산에 힘쓰는 것 등입니다.

사실상 고대 인도의 정치는 자유민주주의를 아주 중요시했습니다. 국가의 모든 일을 종을 치고 북을 울려서 대중을 모이게 하여 함께 의논했습니다. 국왕도 신하들의 의견을 아주 존중했습니다.

이것은 경전에 기재된 전륜성왕의 십덕十德을 통해 알아볼 수 있습니다. 윤왕의 십덕은 너그럽고 청렴하고, 국민의 뜻을 받아들이며, 백성들과 기쁨을 같이하고, 법에 의해 세금을 내게 하고, 위엄을 지나치게 내세우지 않으며, 재물을 탐하지 않고, 노래와 춤을 삼가고, 공公으로 사私를 잊고, 신하와 국민에 따사롭게 대하며, 건강을 돌보고 아껴야 한다 등입니다. 이상으로 말한 것은 불교적 정치 도덕입니다. 🪷

보살 도덕에 대하여

세간의 일반적인 선행은 어떻든 간에 세간의 악행보다 좋은 것입니다. 불교에서 말하는 도덕은 이러한 세간의 선행을 다시 넘어서는 것으로, 그것은 바로 대승大乘의 발원을 행하는 보살 도덕이며 이는 출세 간의 최고 덕행입니다. 불교에서 말하는 자비는 일체중생에 대한 차별 없는 절대 평등의 자비여야 합니다. 이는 불교를 배우는 최상의 수행 방법입니다.

대승의
발원

자비심을 갖추고 있지 못하다면 어떠한 법문을 수행하더라도 보리심과 상응할 수 없습니다. 우리가 사람들에게 자비를 행할 때, 나와 그가 인연이 있는지 없는지, 내가 즐거운지 아닌지에 신경을 쓰고, 혹은 그가 앞으로 나한테 어떻게 보답하겠는가를 생각하게 됩니다.

그러나 불교 보살의 도덕은 이에 신경 쓰지 않으며 인연이 있든 없든 간에, 보답하든 말든 상관하지 않고 기꺼이 자비를 행합니다. 누가 재해를 입어 우리가 자비를 행하게 되었을 때, 우리는 당신이 가엾어 보이니 구제하고 도와준다고 합니다. 이것은 구제해줄 수 있고 도와줄 수 있는 입장에 서서 상대를 구제받고 도움을 받는 자라고 생각하는 것으로 불평등한 것입니다.

불교의 자비는 당신의 괴로움이 곧 내 괴로움이라 생각하여 너와 나의 차별이 없는 것입니다. 결코 우월감이 없는 이러한 자비는 사랑이나 박애와는 다릅니다.

대승의 발원을 행하는 일, 곧 보살의 발원을 행하는 일은 인욕을 행해야 합니다. 당신이 나를 다치게 하고 때렸다 해도 상관없다 하고 참아내는 것도 인내라 할 수 있겠지만, 결국에는 억지로 해내는 것이고 더욱이 인연이 되었을 때 보복할 생각을 하게 될지도 모룹니다. 이와 같은 것은 일반인의 인내입니다.

보살의 인내에는 상대를 존중하는 인내도 있습니다. 보살의 인내는 얼굴뿐만이 아닌 입에, 심지어 마음에까지 있습니다. 인연법과 자성이 공한 이치를 투철히 관찰하여 육경(六境, 色聲香味觸法)에 거슬리거나 따르는 것 모두가 무자성無自性한 것을 압니다. 인내하는 그 자신이 해탈을 얻을 수 있으니 가장 높은 인욕바라밀의 수행을 이룩한 것입니다.

보통 사람의 인내는 어제오늘 참다가 지금에 이르르는 정말 참을 수 없다 하는 것과 같은 것으로 일반 범부의 인내이며, 보살의 인내는 삼아승기겁三阿僧祇劫의 시간을 거쳐야만 인내의 공덕이 원만할 수 있으니 영원한 인내라 할 수 있습니다.

가오슝에 불광산을 열고 얼마 지나지 않아서 근처에 불광반식점佛光飯食店이라는 조그만 가게가 생겼습니다. 그것을 보고 어떤 사람이 말했습니다.

"스님! 저 사람들이 우리 불광산의 이름을 상호로 하는 걸 쓰지 못하도록 해야 합니다."

그래서 내가 말했습니다.

"괜찮아. 모든 부처와 보살들은 몸과 골수조차도 모두 보시하려 하는데 하물며 불광산이 우리의 전용품도 아니고, 그들이 좋아하면 그들에게 쓰도록 해도 좋지."

얼마후 불광신촌佛光新村이 생겨나고, 불광채석장, 불광여행사,

불광호텔도 등장했습니다. 저는 여전히 상관없다고 말합니다.

보살심을 내는 것은 중생을 위해 떠맡아 낼 수 있어야 하는데 사람들이 이 이름을 쓰는 것을 내가 떠맡아 내지 못한단 말입니까. 이름을 빌려 쓰는 곳이 얼마나 생겨나든 저는 전혀 가리지 않습니다. 보살의 인내는 높은 지혜, 큰 힘이 있어야만 참기 어려움을 참아내고 행하기 어려움을 행해낼 수 있습니다. 그래서 부처님은 보시하고 계율을 지키는 것이 인욕의 공덕을 따를 수 없으며, 인욕할 수 있는 사람은 힘 있고 위대한 사람이라 찬탄한 적이 있습니다.

중국 도가道家의 무위無爲는 소승 경계로 자기의 생사 해탈만을 구하는, 곧 자기의 이익을 중히 여기는 것으로 궁극의 완전한 깨달음이 아닙니다.

심지어 불교계가 사회를 위해 펼치는 봉사 및 중생을 이롭게 하는 사업이 아직 뜨겁게 전개되지 않은 것도 안타깝게 생각하고 있습니다. 비록 이러한 것들이 부도덕은 아니지만 완전한 선도 아니고 궁극적이지 않으니 대승보살의 도덕적 입장에서 보면 역시 부족함을 느낍니다.

보살 도덕을 배우고 닦는 데는 먼저 도덕 의지가 있어야 합니다. 이른바 부귀에 미혹되어서는 안 되며, 가난으로 뜻이 흔들려서는 안 되고, 위력이나 무력에 굴복되어서는 안 됩니다.

개인의 도덕 의지에서 더 나아가 사회도덕 의지가 세워집니다.

항상심恒常心을 내어 보살도를 행하며 반야의 지혜로서 일체중생에 대한 차별 없는 절대 평등의 자비를 행하면서, 영원히 물러서지 않을 원력을 견고히 하면서 도덕의 용기를 다시 세워나가야합니다.

용기와
책임

도덕적 용기라 하는 것은 옳은 일은 하고 옳지 않은 일은 하지 않는 것입니다. 대승보살의 도덕적 용기는 공경할 만한 것이고 찬탄할 만한 것입니다.

왜냐하면 보살은 중생이 갖가지 욕망과 쾌락에 눈이 어두워 있고, 생사가 고통스러운 바닷속에 빠져있는 것을 관하여, 헤아릴 수 없는 자비가 우러나 위로는 부처를 구하고 아래로는 중생을 교화하겠다는 보리심을 냅니다. 더 나아가서 헤아릴 수 없는 좋은 방법과 방편의 지혜로서 용감하게 사회의 여러 사람에게 이익이 되는 일을 끊임없이 해 나아가기 때문입니다.

공성空性의 지혜는 이지적이며 방편적이고, 자비심은 정감적이고 인자하며, 보리심은 의지적이고 용감한 것입니다. 이것은 유가의 지智·인仁·용勇 삼달덕三達德과 비슷합니다. 인간으로 오계五

戒·십선업十善業을 용감히 행함은 유가와 같은 것으로, 인간계에서 곧바로 불도의 대승보살에 들어가는 원력은 가장 높은 의지이고, 그 보리심은 가장 위대한 도덕적 용기입니다.

도덕적 용기가 있고 거기에 도덕적 책임이 있어야 합니다. 도덕은 도피하는 것이 아니고 책임을 짊어져야 합니다. 타이베이 시장 리덩후이(李登輝) 선생이 댐의 물을 뽑으려 수문을 열었는데 불행히도 학생이 익사했습니다. 그러자 그는 한 도시 시장의 몸으로 시민의 생명 안전을 잘 돌보지 못했다 생각하여 책임을 시인하는 뜻으로 사직했습니다. 이것은 바로 세상에서 말하는 도덕적 책임입니다.

삼보에 귀의할 때 서원을 하는 것은 신앙에 대해 책임을 짊어지는 것이고, 기관의 우두머리라든지 위로는 대통령이 하는 취임 선서는 바로 자기의 직무에 대해서 책임을 짊어지는 것입니다.

보살은 원력의 마음을 낸 뒤, 중생을 모두 제도하지 못하는 한 절대로 중생의 생사를 내버려 두고 자신의 해탈을 구하지 않았습니다. 근대의 자항 스님은 "단 한 사람이라도 제도하지 못한 사람이 있으면 해탈하지 않겠다"라고 서원했는데 입적한 후에도 육체가 썩지 않았습니다.

지금도 타이베이의 시즈(汐止)에 모셔져 있는 그 분을 우리는 '자항보살慈航菩薩'이라고 부르며 존경합니다. 지장보살의 "중생을 모두 제도하고 나서 보리를 증득할 것이며 지옥이 모두 비지 않으면 성불하지 않겠다"는 원력과 자항보살의 서원 등은 모두 자기의 말과 행동 곧 도덕에 대해 책임을 지는 분명한 증명입니다.

아미타부처님의 사십팔대원四十八大願 하나하나가 자기의 도덕 의지와 발원에 대해 책임을 지지 않는 것이 없습니다. 예를 들면 열여덟 번째의 원에 "만약 내가 성불하면, 시방의 중생들이 마음을 다하여 믿어 즐거워하고, 나의 세계에 태어나고자 하면 지극한 마음으로 나의 이름을 열 번 외우되, 만약 극락세계에 태어나지 못하는 자가 있으면 나는 결코 정각을 이루지 않으리라"는 것과 같습니다.

아미타불의 발원 하나하나의 맨 끝에 반드시 "만약 그렇지 않은 자가 있으면 결코 정각을 이루지 않으리라"는 구절이 첨부되어 있는데 이러한 것은 바로 도덕적 책임의 말입니다. 보살의 도덕적 책임은 닭의 목을 치고, 나쁜 주문을 외고, 돈으로 정치를 하는 사람들이 반성하고 배울 만한 가치가 있는 것입니다.

영예와
가치

고삐 풀린 말은 쫓기 힘들다고 합니다. 말 한 마디를 하면서도 자기가 한 말에 대해서 책임이 있어야 하며 대중에게 더욱 영예감을 가질 수 있어야 합니다. 고대의 많은 성현이 충성과 효도, 절개와 의를 위하여 절조를 굳게 지켜 만고에 이름을 드높였는데, 이는 바로 도덕적 영예의 작용이기 때문입니다.

보살의 도덕적 영예는 자기 자신을 부끄러워 하는 데서 생깁니다. 알지 못하는 것을 부끄러워하고, 깨끗하지 못한 것을 부끄러워하고, 능력이 부족함을 부끄러워 하는 데에서 비롯됩니다.

능력에 결함이 있어 중생을 제도하는 것에 온 힘을 다할 수가 없다고 느끼며, 만약 원력을 달성할 수 없다면 불명예스러운 일이니 더욱 용맹정진하여 헤아릴 수 없이 많은 방편 법문을 부지런히 구합니다. 마치 운동선수가 시합에서 진 뒤 불명예스럽고 면목없으니 이로 해서 더욱 열심히 연마하는 것과 같습니다.

성현은 그의 몸에서 퍼져나오는 빛의 범위를 자기가 감상하지 않습니다. 보살의 도덕적 영예가 나중에는 무아無我로써 중생을 제도하고 무상無相으로 보시하니 《금강경》에서 말하는 "머무르지 않고 그 마음을 내라(應無所住而生其心)"는 뜻과 같습니다.

보살이 중생을 제도하는 목표는 모든 중생을 다함이 없는 열반에 들게 하고 제도하는 것입니다. 헤아릴 수 없이 많고 끝없이 많은 중생을 제도했으나 진실로 한 중생도 나로 인해 제도를 얻은 자가 없다고 생각합니다.

세속적으로 말한다면 자기의 공을 뽐내지 않는 것이고, 불교적으로 말한다면 출가의 정신으로 세상의 사업을 하는 것입니다. 보살의 도덕적 영예는 무아상無我相, 무인상無人相, 무중생상無衆生相, 무수자상無壽者相의 평등경계에 달해 있습니다.

위대하다라는 말은 많은 수고와 노력으로 바뀐 찬탄사입니다. 세간에 좋은 사람 되기 힘들고, 착한 일 하기 힘들다는 현상이 이따금 있고, '도가 한 자 높아지면 마는 한 길 높아진다'고는 하지만 우리는 반드시 발을 굳게 딛고 믿음을 굳게 세워야 합니다.

그리하면 정의는 반드시 사악함을 이겨내며, 어둠이 지나면 틀림없이 광명이 옵니다.

선에는 선보가 있고, 악에는 악보가 있습니다. 이같은 도덕 가치의 변함없는 진리를 나타내는 시 한 수를 소개하겠습니다.

선善은 푸른 소나무와 같고
악惡은 꽃과 같다
소나무는 보기에 꽃보다 못하나
하루아침 서리를 맞으면
꽃은 뵈지 않고
소나무만 푸르다

어느 날 아침 서리를 맞아 푸른 솔만 보이고 꽃은 보이지 않듯이, 선의 도덕만이 영원히 시들지 않고 푸른 솔과 같을 수 있습니다. 우리는 반드시 도덕의 가치를 긍정하고, 자기를 위해 앞으로 나가야 하고 다시 나아가야 하며, 진리를 위하여 기여하고 다시 기여하며, 세상을 위하여 봉사하고 다시 봉사해야 합니다.

　도덕은 선한 것이고, 부도덕은 악한 것이며, 선한 것은 필경 향기로운 것이고, 악한 것은 결국은 더럽고 구린 것입니다. 이것은 도덕의 가치론이고 영원토록 변치 않는 법칙입니다. 卐

모양이 아무리 고와도

향기 없는 꽃은 결실이 없네

아무리 좋은 가르침 들었다 해도

실천수행實踐修行 없으면 열매가 없네

제5장

불교의 실천관

삼귀의와 오계

몇몇 사람들이 이 절을 다니다가 영험하지 않다고 저 절로 가고, 혹은 이 종교를 믿다가 또 저 종교로 개종하는 것을 자주 보는데, 이러한 것은 종교 도덕이 없는 것입니다. 자기의 행복을 위해 살생을 해 제사를 지내는 것도 종교 도덕이라 말할 수 없고, 병이 나서 신에게 건강을 주십사 하고 비는 것도, 돈이 없으니 신에게 부자가 되게 해주십사 하고 빌어 신을 바쁘게 하는 것도 종교 도덕에 부합되지 않습니다.

하는 일이 도덕에 맞는지 안 맞는지, 할 수 있는지 없는지를 자기가 결정하면 되는 것을 굳이 신 앞에 물으려 하고, 일단 문제가 생기면 이는 당신이 시켜서 한 일이니까 하고 신한테 책임을 밀어버립니다. 신앙의 대상을 놓고도 이리저리 옮겨 다니는 행위라든가 혹은 그 대상에게 갖가지 요구를 하는 행위 등은 종교에 대한 도덕관념의 결핍이기도 하고 종교에 대한 인식상의 착오이기도 합니다. 종교의 선택과 신앙에 대한 부처님의 명쾌한 안내가 있습니다.

평화로운 사회의 기본 조건

사람들이 권한다고 해서 신앙하지 말며, 반드시 자기의 이성과 지혜를 통한 확실한 선택을 한 것을 신앙하라고 하셨습니다. 이러한 신앙이어야 후회하지 않습니다. 불교의 삼귀의와 오계야말로 종교 도덕에 벗어나지 않은 신앙입니다.

가르침을 여신 부처님(佛), 부처님의 가르침인 진리(法), 그 가르침을 펴는 승가(僧)에 귀의하는 삼귀의의 진정한 뜻에 따라 우리는 진정한 불자임을 확인하여 흔들림이 없는 신앙심을 가져야 합니다. 또한 중요한 점은 불법을 받들어 행해야 하는 것입니다. 삼보에 귀의한 사람이 꼭 채식해야 하는 것은 아니지만, 부처님이 열어 보이신 사람됨의 기본도덕을 반드시 지켜야 합니다.

　　첫째, 생명을 함부로 살해하지 않는다.
　　둘째, 남의 물건을 훔치지 않는다.
　　셋째, 남의 명예와 신용을 비방하거나 속이거나 거짓말을 하면
안 된다.
　　넷째, 남의 행복한 가정생활 및 정절을 파괴하면 안 된다.
　　다섯째, 신체와 건강을 해치거나 이성과 지혜를 마비시키는 음
료나 약물 등을 어떠한 것이라도 마시거나 먹으면 안 된다.

　　부처님이 제정한 이 다섯 가지 계율을 사회의 기본 도덕으로 삼
아 사람들 모두가 받들어 행할 수 있다면 어떤 사회가 될까요. 이
것은 평화롭고 즐거우며 모두가 이로운 사회를 이루는 기본조건입
니다.
　　이로써 삼귀의와 오계는 종교 도덕에 벗어나지 않는 것임이 증
명되고 부처님을 믿었다 해서 부처님께 줄곧 요구하고 무엇을 주
십사 하고 기도하는 것이 아니라 한마음 한뜻으로 부처님의 가르
침과 계율을 받들어 행하고 그로부터 몸과 마음의 건강과 가정의
행복을 획득하는 것입니다.

미래의 행복을
닦는 법

비록 신앙의 대상을 요구의 대상으로 하지 않지만 자기 미래의 갖가지 발전, 예를 들면 재산의 증가, 신체의 건강, 가정의 화목, 수명의 연장 등에 대해서는 요구할 수 있는 것으로 이러한 요구도 역시 자기의 행위에서부터 만들어 나가야 합니다.

미래의 행복이 내생까지 포함되어, 미래 및 내생이 현재보다 풍부하고 아름다우며 좋으려면 반드시 사람으로 다시 태어나거나 천인天人으로 하늘에 오를 수 있어야 하는데, 부처님이 사람으로 태어나거나 하늘에 오르는 것에 대한 세 가지 법문을 열어 보이셨는데, 바로 보시布施와 지계持戒와 선정禪定으로 하늘에 태어나는 세 가지 복을 닦는 것이라 칭합니다.

보시와 지계는 모두가 자기를 억제하고, 남에게 이익되며, 자기를 희생하고 남에게 복되게 하는 행위인데, 일반적인 신한테 요구하는 신앙과 비교해 봐도 삼보에 귀의하는 것만이 진정한 종교 도덕임이 더욱 확연히 설명됩니다.

보시하고 계율을 지키는 것은 사람으로 태어날 수 있게 하며, 하늘에 오르고 싶다면 반드시 선정을 같이 닦아야 합니다. 여기서 말하는 지계는 오계말고도 마음속으로 탐욕을 내지 않고, 성내지 않으며, 어리석고 삿된 생각을 갖지 않기를 자기에게 요구해야 하고, 말을 할 때는 한 가지 일로 두말을 하지 않으며 남을 헐뜯는 말을 하지 않고 진실을 속이고 교묘하게 꾸며대는 말을 하지 않기를 스스로에게 요구해야 합니다.

무엇이 미신이고, 무엇이 바른 신앙일까요? 바로 위에서 말한 삼보에 귀의하고 오계와 십선을 받들어 행하는 것이라는 합리적인 판단을 얻을 수 있을 것입니다. 신앙의 목적은 부처님이 가르친 뜻을 받들어 행하고, 자기 스스로 자제하여 인격이 승화되도록 하는 데 있습니다. 돈을 벌어 부귀함은 보시하고 기여하는 생활로 인해 만들어지는 것이지 모든 일에 신을 찾고, 점을 치며 혹은 살생하여 제사를 지냄으로 얻을 수 있는 것이 아닙니다. 그러므로 삼보에 귀의하고 오계와 십선을 받들어 행할 수 있으며, 이 신앙이 다시는 바뀌지 않는 이것이 바로 불자의 삶이고 실천입니다. 🙏

사
성
제

사성제四聖諦는 병을 치료하는 과정과 같습니다. 한 사람이 병이 나서 고통으로 신음할 때, 병의 원인을 알고 난 후 증상에 맞게 약을 쓰고, 여러 가지 치료 방법을 처방하는 과정과 같습니다. 예를 들면 주사를 맞는다거나 수술을 하고 식이요법을 하는 등입니다. 적절한 치료가 있고 약으로 병을 없애니 마침내 병이 회복되는 이것이 사성제입니다.

우리 몸의 질병은 치료를 필요로 하고, 우리 마음의 병독病毒도 불법의 처방에 의지해 치료해야 합니다. 병을 치료하는 원리로써 사성제를 볼 때, 과학 정신에 부합되어 불교의 합리성을 여실히 나타냅니다.

부처님께서 성도하신 후 다섯 비구를 대상으로 불법을 전하는 활동을 전개했습니다. 초전법륜初轉法輪 하는 가운데에 사성제의 묘의妙義를 세 번 말씀하셨습니다. 이것을 가리켜 삼전三轉이라 합니다.

첫 번째는 시상전示相轉으로 사성제의 내용과 정의를 해설하여 제자들이 이해하도록 하셨습니다. 두 번째는 권수전勸修轉으로 사성제의 법문을 닦아 나가도록 제자들에 권유하고, 번뇌를 끊어 해탈을 얻도록 했습니다. 세 번째가 자증전自證轉으로 부처님께서 사성제를 이미 증득하셨음을 제자들에게 일러주신 것입니다. 또한 오로지 용맹정진하면 부처님과 마찬가지로 반드시 사성제를 증득하여 깨달을 수 있음을 격려하신 것입니다.

부처님께서 사성제를 거듭거듭 설명하신 상황으로 볼 때 사성제의 중요성을 잘 알 수 있습니다. 부처님께서 간곡히 타이르며 제자를 깨우치고자 하시는 고심을 통해 우리는 부처님이야말로 가장 훌륭히 가르치시고 가장 위대한 교육자임을 가슴 속 깊이 느끼게 됩니다.

진제眞諦는 바로 진리라는 뜻으로 근본대법根本大法의 뜻이기도 합니다. 어떤 사람은 제행무상諸行無常, 제법무아諸法無我, 열반적정열槃寂靜의 삼법인三法印이 불교의 진제라고 합니다. 어떤 사람은 십이연기十二緣起, 공空, 사성제四聖諦가 불교의 진제라 합니다.

그러면 불교의 진제란 도대체 무엇일까요? 사실 삼법인, 십이연기, 공, 사성제 등 모두가 불교의 근본진리이고 모두가 불교의 진제입니다.

사성제의 대의

부처님이 성도하신 후 첫 번째로 바라나시의 녹야원鹿野苑에서 불법을 설하셨고, 그 말씀하신 법의 내용이 바로 사성제이며, 이것이 곧 불교사에서 유명한 초전법륜初轉法輪입니다.

불교에서는 사성제, 십이연기를 듣고 이를 닦아 깨달은 사람들을 성문승聲聞乘이라 합니다. 일반적으로 사람들은 성문승은 자기만 깨달은 소승小乘이므로 소승의 근기로 수행해나가는 사성제 역시 소승법이라고 생각하는데, 이것은 옳지 않습니다.

사성제는 부처님이 깨닫고 세상 사람들 모두가 깨달아야 할 진리로 내걸었던 불교의 근본적인 가르침입니다. 부처님의 가르침에 근거하면 우리의 삶과 우주의 실상은 고집멸도苦集滅道, 이 네 가지 도리에 지나지 않을 뿐입니다. 이 사성제는 불교의 근본사상으로 모든 삼장三藏 십이부경十二部經이 이것으로 전개되지 않은 것이 없습니다. 비록 화엄 등 대승경론이 대승사상을 널리 퍼트렸지만 이러한 경론에서도 사제품四諦品은 특별한 취급을 받고 있으며, 사성제는 대승이나 소승을 막론하고 마땅히 배워야 할 기본 법문입니다. 먼저 사성제의 대의를 간단히 알아본 다음 하나하나 제목을 따라 상세히 설명해 이해를 돕겠습니다.

사성제의 제諦는 곧 진리로 자세히 살펴 조사함, 진실불허眞實不虛의 뜻이 포함되어 있습니다. 고제苦諦는 삼계三界가 고통으로 가득하고 즐거움이 없는 불구덩이라는 것을 지혜로 관찰해냅니다. 집제集諦는 탐진치貪瞋痴 삼독三毒의 번뇌가 생로병사生老病死를 일으키는 원인이라는 것을 지혜로 철저히 깨우칩니다. 멸제滅諦는 지혜가 넘쳐나 청정한 열반자성을 증득하고, 도제道諦는 괴로움을 여의고 즐거움을 얻어내는 출세법문出世法門, 곧 열반에 들기 위해 닦는 불법입니다.

고苦와 집集, 두 가지 제諦는 미계迷界, 곧 번뇌에 시달려서 삼계를 헤매는 미혹한 중생계의 세간인과世間因果입니다. 고苦는 집集의 결과이고, 집集은 고苦의 원인입니다. 멸滅과 도道, 두 가지 제諦는 깨달은 세계의 출세간인과出世間因果로 멸滅은 도道의 결과이며 바른 도로써 고통을 없앱니다. 도道는 멸滅의 원인이며, 팔정도八正道를 닦는 방법으로 번뇌를 해탈시킵니다. 그럼 사성제를 순서대로 설명하겠습니다. 卍

고제苦諦

저는 인생은 즐거움을 추구해야 하고 사람들 모두가 낙관적이고 진취적이어야 하지, 항상 고苦를 입에 달고 찌푸린 얼굴로 기운 없이 어둡게 지내지 말자고 줄곧 말하고 있습니다. 혹 어떤 사람은 인생이 즐거움을 추구해야 한다면야 그럼 불교는 어째서 또 괴로움을 빌미 삼아 이야기하려느냐고 반문할 수도 있습니다.

즐거움이 가득한데
왜 고苦라고 합니까

불교에서 고를 말하는 뜻은 우리에게 이 세상 각양각색의 고의 실상을 알게 하고 한 걸음 더 나아가 고를 없애는 방법을 찾게 하기 위해서입니다. 이렇게 보면 고의 존재를 이해하는 것은 단지 한 과정이며 어떻게 고통을 없애고 해탈을 얻어내느냐는 것만이 불교에서 고를 말하는 최종 목적입니다.

혹 어떤 사람이 "나는 명예와 이익을 탐하거나 애정에 연연해하지 않아도 나의 인생은 즐거움으로 가득한데 어째서 불교에서는 인생은 고통이라 합니까?"하고 문제를 제기할 수도 있습니다.

불교 경전의 말씀에 근거하면 고에는 삼고三苦, 팔고八苦, 백팔고百八苦가 있고 내지는 무수한 고가 있지만, 모두 몸의 고통과 마음의 고통에 속하는 것에 지나지 않습니다.

어떤 사람이 비록 물질에 욕심이 없어 춥고 더운 것을, 가난하고 배고픈 것을 참아낼 수 있으며, 또한 감정에 초연해서 사랑하나 헤어져야 하고, 미워하나 만나야 하는 고통을 참아낸다 하더라도 모든 사람이 생명이 끝날 때의 오취온고五取蘊苦를 벗어날 방법은 없습니다.

그러니 이런 까닭으로 어떤 사람이든 세상을 살아가면서 고통을 맛보지 않을 수 없는 것입니다. 우리가 이야기하든 하지 않든 간에 모든 사람에게는 고통의 경험이 있으며, 단지 고통의 대상이 다른 것일 뿐입니다.

만약 우리가 고통이 형성되는 원인을 철저히 알아내어 대치할 방법을 찾아낸다면, 우리는 고통이라는 연못에서 멀리 벗어날 수 있어 진정으로 즐거운 인생을 누릴 수 있습니다. 그러면 고통을 형성하는 원인에는 도대체 어떠한 것들이 있을까요?

나와 물질과의
관계

고가 찾아오는 첫 번째 요인은 나와 물질과의 관계가 조화롭지 못한 것입니다. 예를 들면 우리가 사는 방이 너무 좁고 작은데 사람이 많아 빽빽하여 견딜 수가 없으면 마음이 편치 않으니 자연히 고통을 느끼게 됩니다.

또 다른 예로 밤에 잠을 잘 때 베개의 높이가 맞지 않으면 깊은 잠을 자지 못해 정신이 어지럽고 가슴이 답답하여 신경질이 나게 되고 불안하여 고통스럽습니다. 책상의 높이, 불빛의 조명이 적당치 않으면 안심하고 공부에 열중할 수 없으니 책 보길 즐기는 사람에게는 역시 고통스러운 일의 하나입니다.

위에서 보듯이 일상생활에 사용되는 물건이 만약 우리의 뜻에 맞지 않아 조화를 이루지 못하면 고통이 생기게 됩니다.

몸 이외의 물건이 여러 가지의 불편과 고통을 갖고 오기도 하지만 우리 몸의 모발, 손톱 등이 고통을 주기도 합니다. 이것들을 만약 적당히 자른다거나 씻지 않는다면 그 생겨나는 더러움도 골칫거리가 됩니다. 이런 까닭에 옛날 사람들이 자주 모발을 번뇌에 비유해 "머리털은 허옇게 세어 고향을 멀리 떠나 있는 마음의 근심 그 백발따라 길어지는 것 같다" 했습니다. 또한 "머리털은 삼천 가지 번뇌의 실오라기다"라고도 했습니다. 비록 생명이 없는 물체라도 우리의 생활과는 뗄 수 없는 밀접한 관계에 있습니다.

나와 사람과의
관계

고가 찾아오는 두 번째 요인은 나와 사람 사이에서 조화를 이루지 못할 때입니다. 이러한 인간관계 문제는 고뇌의 가장 큰 요소입니다.

예를 들면 자기가 좋아하는 사람은 좀처럼 같이 있을 수 없고 자기가 싫어하는 사람은 외나무다리에서 만나 피할 수 없는 것입니다. 이것이 바로 불교에서 말하는 "사랑하는 이와 헤어져야 하는 고통과 싫은 사람과 함께하는 고통(愛別離苦 怨憎會苦)"입니다.

어느 경우에는 개개인의 견해가 다름으로 일을 처리하는 방법이 천차만별이니 서로 간에 충돌하고 마찰이 일어나 고통이 생겨납니다. 어느 때는 자기가 욕먹을까 두려워 조심하여 일하다가 사람들이 자기를 등지고 돌아서 귓속말을 나누는 것을 보면 마음이 당황스럽고 불안해지면서 자기를 비판하고 있다고 여깁니다. 나와 사람들과의 관계가 서로 조화될 수 없으므로 해서 비록 일은 같이하나 사사건건 마음이 감당치 못해 곳곳에서 여의치 못하니 일하는 데에 영향을 끼칩니다. 사람 관계의 부조화는 한 사람의 원대한 의지를 꺾어서, 위축되고 맥빠지게 하여 고통에 빠지게 하기에 족합니다. 사람 사이의 조화는 우리가 입신 처세하는 데 아주 중요한 과제입니다.

나와 몸과의
관계

고가 찾아오는 세 번째 요인은 나와 몸과의 조화를 이루지 못하는 관계입니다. 누가 말하길 "건강은 제일의 재산이다" 했습니다. 가령 건강을 갖지 못한 신체는 설사 천하의 재물, 재주를 가지고 있다 하더라도 그 힘을 발휘할 방법이 없습니다. 더구나 몸이 늙고, 병들고, 죽는 것은 자연적인 현상으로 누구라도 피할 수 없습니다.

제아무리 건강한 사람도 쇠약한 하루가 있고, 아무리 아름다운 용모도 볼품없이 늙을 때가 있습니다. 젊었을 때 위세를 떨고 강하다 뽐낼 수 있지만, 세월이 흘러 나이가 많아지면서 우리의 오장육부도 함께 퇴화되어 눈도 잘 안 보이게 되고 기능도 쇠퇴되어 동작이 느려져 건강하고 팔팔하던 젊음은 돌아오지 않습니다.

조그마한 감기가 우리를 며칠씩 이불을 둘러쓰고 드러눕게 하며, 작은 충치 한 개가 우릴 밤새 잠 못 이루게 합니다. 나와 몸과의 관계가 조화되지 못하면 갖가지 고뇌도 끝까지 연달아 계속될 것입니다.

나와 마음과의
관계

고가 찾아오는 네 번째 요인은 나와 마음과의 조화되지 못하는 관계입니다. 마음은 생각을 조종할 수 있어서 마치 한 나라의 군주가 나랏일의 모든 것을 조종하고 있는 것과 같습니다. 옛사람들이 '사람의 마음은 아주 위태롭고, 도의 마음은 아주 작고 미약하다' 했듯이, 우리의 마음은 고삐 풀린 야생마와 같아 도처에 날뛰며 우리 의지의 자유를 받아들이지 않습니다.

예를 들면 우리의 마음속에 탐욕과 노여움, 어리석은 마음의 번뇌가 생길 때, 비록 떨어내기 위해 노력하지만 조금 가라앉혔다 해도 다른 생각이 삐져 올라오는 등 그리 마음대로 되지 않습니다. 다른 예로 마음속에 갖가지의 욕망이 가득하여 온갖 힘으로 억제한다 하여도 일과 뜻이 서로 안 맞으니, 마음대로 되지 않습니다. 이러한 나와 마음의 부조화로 말미암아 생겨나는 고통이 신체적인 부조화가 우리에게 가져다주는 고통에 결코 뒤떨어지지 않습니다. 신체의 병은 좋은 의약에 의지하면 치유될 가능성이 비교적 큰데, 심리적인 골칫거리는 어느 경우엔 화타華陀조차도 속수무책입니다.

우리는 '또 내 말을 안 들었구나' 하며 남을 원망하는 사람을 보게 되는데 사실 우리의 말을 가장 안 듣는 사람은 다른 사람이 아닌 우리 자신의 마음입니다.

우리는 자기의 마음에 삿된 생각이나 번뇌가 생기지 않도록 애쓰지 않을 수 없습니다. 자기의 마음은 실제로 세상에서 가장 정복하기 어려운 적으로 만약 우리가 마음과 적대관계에 처한다면 매일 싸움이 그치지 않을테니 고통에 시달리는 것은 필연입니다.

나와 바라는 것과의 관계

고가 찾아오는 다섯 번째 요인은 나와 바라는 것과의 조화를 이루지 못하는 관계입니다. 사람에게 약간의 욕망도 없기란 불가능합니다. 욕망에는 좋은 욕망과 나쁜 욕망의 구별이 있습니다.

좋은 욕망의 예는 현명해지거나 성불成佛하길 바라거나 혹은 사업을 벌여 사회나 지역에 봉사하고 사람들과 나라에 이익을 주는 것으로 소위 말하는 입공立功, 입덕立德, 입언立言 등 삼불후三

不朽입니다. 불교에서는 위로 향해 나아가고자 하는 이러한 욕망을 선법욕善法欲이라 합니다. 다른 예로 물질적 욕심과 빠른 출세욕, 애정의 달콤함에 연연함 등 우리를 타락하게 할 가능성이 있는 욕망을 악법욕惡法欲이라 합니다.

선법욕을 적절히 조절하지 못한다면 정신적으로 커다란 부담이 되어 아주 많은 고통이 생겨납니다. 하물며 악법욕을 우리 마음과 좋은 관계를 유지시켜 나가도록 잘 이끌 수 없다면 그로 인해서 생기는 고통은 짊어지기조차 힘든 것입니다. 물욕에 초연할 수 있는 견식見識을 기르는 것은 우리들이 일을 하는 데 있어서 기본적인 요소입니다.

나와 견해의
관계

고가 찾아오는 여섯 번째 요인은 나와 견해의 조화를 이루지 못하는 관계입니다. 견해라 함은 사상을 포함한 견해입니다. 물질적인 결핍은 그대로 견뎌낼 수 있지만, 사람을 가장 견딜 수 없게 하는 것은 정신적인 쓸쓸함과 고독입니다.

예로부터 진리를 추구하는 이들 모두가 고독한 진리의 길을 걸었습니다. 당나라 때 시인 진자앙(陳子昻, 661~702)은 〈등유주대가

登幽州臺歌〉에서 "홀로 슬피 눈물을 흘린다"고 비탄하였습니다.

> 앞으로는 옛사람을 볼 수 없고
> 뒤로는 올 사람을 볼 수가 없네
> 다만 천지의 무궁함을 생각하다가
> 홀로 슬피 눈물을 흘릴 뿐이다
> 前不見古人 後不見來者 念天地之悠悠 獨蒼然而涕下

우리에게 고통을 느끼게 하는 생각들은 그럴듯해 보이지만 실은 그렇지 않은 삿된 앎과 삿된 견해입니다. 부처님이 세간에 계실 때 일부 바른 견해를 갖지 못한 구도자들이 갖가지의 고행을 닦을 것을 주장하였습니다. 숲 속에서 거꾸로 서 있거나 불 옆에서 몸을 그슬린다거나 물에 담그고 있으며, 어떤 사람은 안 먹고 안 마시며, 어떤 사람은 나체를 하고, 최대한으로 신체에 고통을 주는 일을 하는 고행으로 해탈할 수 있게 되길 기도企圖했습니다.

그러나 이러한 삿된 구도자들은 사상이 깨끗하거나 바르지 못하고 견해가 합당하지 못한 까닭에 신체만 헛되이 괴로움을 당하게 하여 부당한 고통을 증가시킵니다. 삿된 앎과 삿된 견해는 우리를 고통 속에 빠뜨리며 우리의 진리 추구를 막는 제일 큰 반각석絆脚石입니다.

나와 자연과의
관계

고가 찾아오는 일곱 번째 요인은 나와 자연과의 조화되지 못하는 관계입니다. 인류 문화사를 살펴볼 때 인류 최초의 활동은 바로 자연과의 연속된 전쟁기록입니다. 예로부터 자연계가 우리에게 가져다준 고통은 실로 일일이 열거할 수 없습니다. 태풍, 지진, 홍수, 화재 등 우리에게 엄중한 재해를 가져옵니다.

예를 들면, 물이 넘치면 곳곳이 물바다를 이루니 몸을 붙일 곳이 없으며, 반대로 물이 너무 적으면 건조하여 가뭄이 들고 땅바닥이 갈라져서 경작할 수 없으니 모두가 생존을 위협하기 족합니다. 얼마 전부터 남부지방이 바싹 말라붙었는데 만약 계속해서 비가 내리지 않는다면 혹 모내기를 할 수가 없을지도 모릅니다. 자연계와의 조화를 이루지 못함으로 하여 우리에게 가져다주는 고통은 눈에 드러나게 직접적입니다.

고통의 원인을 알아
멀리하라

고苦는 물질, 자연 등 외적인 요소에서 오는 것이든 혹은 마음이나 견해 등 내적인 요소에서 오는 것이든 결국 그 근본적인 뿌리는 모두가 자기의 몸과 마음에 사물을 주재하는 상주불변의 실체가 있다고 믿는 아집我執과 자기의 편협된 견해로 말미암은 것입니다.

노자老子가 "내가 내 몸을 위하는 생각이 가장 큰 걱정거리이다"했다는데, 불교의 가르침에 근거하면 모든 고통의 근원은 오온화합五蘊和合으로 생기는 가짜 나에 있습니다. 이른바 오온화합은 우리의 생명은 물질적인 색色과 정신의 식識에다가 심식心識의 움직임으로 생겨나는 작용—수受, 상想, 행行 세 가지를 더하여 쌓이고 모여지므로 이루어진 것입니다.

이 다섯 가지는 단지 그때그때의 조건으로 모여 합쳐진 일시적 존재에 지나지 않는 것으로 인연이 갖춰지지 못한다면 모두가 환멸로 돌아갑니다. 일반 사람들의 관념에는 오온화합에 의한 색신色身은 영원불멸한 것으로 여겨 그것을 참된 자기로 고집하며 갖가지 탐하고 집착하는 마음이 생겨나 고통을 겪고 있는 것입니다. 가령 우리가 나의 허망성을 통찰하여 본래 아무것도 가진 것이 없으므로 아무것도 집착할 곳이 없어 모든 것에서 벗어날 수 있는 이치를 깨달을 수만 있다면 모든 고통을 초월할 수 있습니다. 그래서 《반야심경般若心經》에 말하길 "오온이 모두 헛된 것임을 안다면 모든 고통에서 벗어날 수 있다(照見五蘊皆空 度一體苦厄)"고 했습니다.

어떻게 해야 오온이 헛된 것임을 알아 모든 고통에서 벗어날 수 있을까요? 나에게 집착하지 않으면 곧 오온은 흩어버릴 수 있고 오온을 흩어버리면 고통은 자연히 없어져 버립니다.

이해를 돕기 위해서 가벼운 예를 하나 들어서 설명하겠습니다. 미국에서 미식축구가 크게 성행하는데 매번 시합마다 10만 명 이상의 관중이 빽빽이 들어찹니다. 어떤 사람이 경기를 관전하는데 정신이 팔려 손에 담배를 들었다는 사실도 잊고 결국엔 옆에 앉은 한 신사의 옷을 태웠습니다. 그 사람은 너무 놀라서 정말 죄송하다고 얼른 사과했습니다. 옷이 타버린 사람도 온 정신이 격렬한 시합에 모여져서 "상관없어요, 돌아가서 다시 사지요, 뭐" 했습니다.

이는 무슨 마음인가요? 무아無我의 경지로 이때의 아我는 이미 선수들이 던지는 공에 온 신경이 집중되어 있어서 이때, 이 순간은 공을 보는 것이 옷을 염려하는 것보다 더욱 중요한 일이라서 누가 옷을 태웠어도 시비를 다투지 않습니다. 옷이 타서 새로 살 지경이어도 개의치 않고, 따지지 않았습니다. 만약에 시합에 온 정신이 빠지지 않았더라면 옷이 탄 것은 말할 것도 없고 단지 담뱃재가 떨어졌어도 기필코 상대와 시비를 따질 것이며 심지어는 경찰서까지 가서 시비를 가릴 것입니다.

그러나 경기를 볼 때는 온 정신 모두가 경기에 집중되어 시합의 승부가 중요하지 '내(我)'가 무슨 일을 당했어도 이미 중요하지가 않습니다. 경기가 우리의 주의력을 끌어들여, 나를 잊게 하여 불에 덴 고통을 모르게 한 것입니다. 이처럼 오온이 모두 헛된 것임을 살펴 알 수만 있다면 틀림없이 모든 고통을 없앨 수 있습니다.

고의 존재는 부인할 수 없는 진리입니다. 그래서 불교는 이 사실을 더욱 강조하며, 한 발짝 더 나아가 해결의 방법을 찾아내려 합니다. 현재 학술, 경제, 의약, 정치 등 모든 방면에서 보다 나은 것을 찾아 끊임없이 고쳐나가고 있습니다. 이것은 우리의 생활을 개선하기 위함이며, 인류의 고통을 가장 낮은 수준으로 줄이려 하는 것입니다.

그러나 사회에서 흔히 보는 빈민구제나, 옷과 음식물을 도와주는 것은 단지 일시적으로 곤란을 해결하고 돕는 방편이지 고통의 뿌리를 철저하게 뽑아 없앨 수는 없습니다. 그래서 불교는 눈앞의 재액을 없애려 할 뿐만 아니고, 더욱 중요한 생사의 본원을 해탈하려는 것입니다.

《금강경》에 이르길 "(존재하는 모든 중생을) 내가 다 완전한 열반에 들게 해 제도하리라(我皆令入 無餘涅槃 而滅度之)"했는데 이는 바로 인생의 문제를 철저히 해결한 것으로 금생의 번뇌를 끊어 버리려는 것뿐 아니고 끝없는 생사윤회를 벗어나서 번뇌를 끊고 분별을 떠나 육신까지 없애서 적정에 들어간 경지, 곧 무여열반의 경지를 깨달으려는 것입니다.

모든 고통의 근원을 철저히 뿌리까지 뽑아 버리려는 것입니다.

그래서 불교가 말하는 '고'는 단지 고를 아는데 머무는 소극적인 의미가 아니라, 고를 없애어 고통의 속박을 초월하려는 적극적인 의미의 '고'입니다. 그러면 고통을 멀리하는 방법을 알아보겠습니다.

자아의 힘에
충실하라

혹 어떤 사람이 "나는 불교를 믿지 않으니 생로병사의 고통을 벗어날 수 없지만, 당신은 불교를 신앙하는데도 마찬가지로 생로병사의 괴로움을 받아야 합니다. 그래 불교를 신앙해 무슨 의의가 있습니까" 할 수도 있습니다.

그렇습니다. 불교를 신앙하여도 생로병사 현상을 피할 수가 없습니다. 그러면 신앙의 가치는 도대체 무엇인가요? 신앙의 가치는 고통에 마주하고 있을 때 더욱 큰 힘으로 극복해나가게 하고 죽음이 닥쳤을 때 더욱 담대하게 받아들일 수 있게 하는 것입니다.

많은 수행자들이 자성自性을 구하기 위해 산속이나 물가, 심지어 무덤가에서 수행했습니다. 유교의 성현은 어지러운 속세를 멀리 떠나 청빈하게 살며 물질의 쪼들림을 받아들였는데, 그 고생스러움은 다른 이들은 상상조차 할 수 없는 것입니다.

그러나 도리어 그들은 고기가 물을 만난듯 조금도 고생으로 여기지 않았습니다. 어떻게 해서 수행자들이 백골白骨 무더기를 마주하고서도 조금도 두려워하지 않고 열심히 정진했겠습니까? 어떻게 해서 성현들이 변변치 않은 옷과 음식으로 궁색한 곳에서 살았어도 변함없이 기뻐하고 스스로 만족했겠습니까?

그것은 그들이 자기가 수립한 높은 삶의 목표와 자기의 이상에 대하여 하나의 커다란 힘이 생겨났기 때문입니다. 그러므로 보통 사람이 참아낼 수 없는 고통에 부딪혔을 때 굳게 참아내 극복할 수 있고 조금도 고통스럽다 느끼지 않는 것입니다.

우리가 역사를 되돌아보면 옛날부터 용감하고 슬기로운 영웅호걸들이 정의를 위하여 열심히 싸워 희생했고, 이상을 실천하기 위해 바쁘게 움직였습니다. 이는 무엇 때문입니까? 그것은 그들이 자기의 신앙을 굳게 지켜나가니 비록 간과 뇌를 땅에 흩뿌려 목숨이 끊어지더라도 고통으로 여기지 않기 때문입니다.

종교신앙에 대한 진정한 인식이 있으면 자기의 힘이 증가될 수 있어 설사 어떤 고난에 부딪혔다 해도 순수히 받아들일 수 있습니다. 예를 들어, 사람이 부처님이나 신을 가리지 않고 불상 혹은 신상을 보기만 하면 언제나 "부처님이시여! 신이시여! 아들딸을 낳도록 돌봐주옵소서, 부귀영화를 누리도록 돌보아주소서, 가정 평안토록 돌봐주소서, 만사 순조롭도록 돌봐주소서…"하고 기도하는데, 하늘 아래의 좋은 일은 다 해달라고 하는 이러한 신앙은 부처나 신의 힘을 빌어 탐욕을 채우는 것입니다. 일단 구하고자 하는 것을 만족스레 얻지 못한 때에는 곧 실망의 깊은 늪에 빠져들며 심지어 하늘이나 다른 사람을 원망하며 종교를 욕하고 훼방하려 듭니다. 이러한 탐욕으로 바라는 마음에 세운 신앙은 당연히 아무런 힘도 없다 하겠습니다.

저도 출가한 이래 매일 불보살께 절을 할 때 기도하는 것이 있습니다.

"자비하신 부처님! 중생의 모든 고난을 나로 하여 짊어지게 하여주옵시고, 당신의 제자에게 중생에 대한 비원悲願이 얼마나 깊은가를, 당신에 대한 신심이 얼마나 강한가를 시험하도록 하게 하옵시고, 당신의 제자로 하여금 자신이 짊어진 책임의 힘이 도대체 얼마나 있는가를 알도록 하옵소서."

바르게 신앙하는 불자라면 불보살을 향해 무리한 요구를 할 것이 아니라 보살을 따라 배워서 중생을 받들어야 할 것입니다. 만약 모든 사람이 신앙으로 이렇게 보시하고 희사하고 탐욕 없는 마음이 있다면 비교할 수 없는 힘이 자연적으로 증가합니다.

설사 재난과 고통으로 절박하다 해도 태연하게 지낼 수 있고 고생으로 여기지 않습니다. 그래서 인생은 고통스러운 것이라고 불교에서 말하지만 도리어 나 자신은 인생이 아주 즐겁다고 여깁니다.

그것은 고가 비록 현실 가운데 존재하지만, 우리가 굳고 강한 힘으로 극복해나갈 수만 있다면 즐거움의 의의를 더욱 느낄 수 있기 때문입니다. 땀 흘려 땅을 일군 후의 결실은 특별나게 향기롭고 달콤합니다. 바르고 확실한 신앙을 세우고, 굳게 바른 믿음을 기르는 것은 우리가 고통을 벗어나는 중요한 열쇠입니다.

소아小我를 버리고
진아眞我를 만나라

굳고 바른 신앙의 힘을 기르면 고통의 속박에서 벗어날 수 있지만, 수행하는 사람들의 가장 주요한 목표는 생사의 근본적 고통을 없애는 것이기 때문에 단지 의지나 관념적으로 고통스럽지 않다고 여기는 것을 자기 만족으로 삼지 않아야 합니다.

그것은 생활에서 사사로운 번뇌를 극복했다지만 생로병사를 완전히 해탈할 수 없어 근본적으로 오취온고五取蘊苦는 아직도 존재하기 때문입니다. 흔히 말하길 도적 떼를 잡으려면 먼저 그 우두머리를 잡으라고 말합니다. 고통의 근본 뿌리를 캐내 없애야만 영원한 즐거움을 얻을 수 있습니다.

고통의 근본이라 함은 곧 아집我執, 아애我愛, 아견我見입니다. 나(我)라는 관념이 있으므로 좋은 것을 찾아 나의 필요를 만족시키려 하니 아탐我貪이 있습니다.

내 마음대로 되지 않을 때 화를 내는 진에瞋恚가 생겨나니 아진我瞋이 있습니다. 자기 뜻을 굽히지 않으니 사리에 밝지 못해 아치

我痴가 생겨납니다. 아가 있는 관계로 해서 탐진치 삼독의 번뇌가 마치 그림자가 형체를 따르듯 우리를 괴롭히고 있습니다.

어떻게 해야만 근본적인 고통을 없앨 수 있을까요? 이 세상에 존재하는 모든 사물은 인연으로 해서 생기는 것으로, 불변의 진리인 제법무아諸法無我의 법문을 닦아나가면 근본적 고통을 없앨 수 있습니다.

그러나 무아無我는 여러분더러 가서 자살하라거나, 자기의 목숨을 다치게 하라는 것이 아닙니다. 불교는 이렇듯 무서운 종교가 아닙니다. 불법은 인생의 가치를 부정하거나 생명 존재의 의의를 완전히 부정하지 않습니다. 무아라 함은 아집과 아애와 아욕을 제거하는 것이지 모든 것을 없애버리고, 모든 것을 내팽개치는 뜻이 아닙니다. 설사 자살하여 목숨을 잃었다 해도 죽은 것은 단지 가짜고 빈껍데기인 육체일 뿐이며 아는 죽어질 수 없는 것입니다.

무아는 반야의般若義, 인연의因緣義, 대비의大悲義, 진공의眞空義이며 또한 세간의 아집과 아견을 부정함으로써 제일의제第一義諦인 진리를 긍정하는 것입니다. 그것은 탐하고 성내는 이기적인 소아小我를 없애야 항상 즐겁고 깨끗한 나의 진아眞我를 분명히 드러낼 수 있기 때문입니다.

진아를 깨달아 얻은 성자는 결코 세상과 멀리 떨어져 있지 않습니다. 역시 마찬가지로 차 마시고, 밥을 먹고, 생활하며 일을 하는 보통 사람의 생활을 합니다. 단지 생활이나 정신이 오염되지 않고 청정함을 갖추었으며, 허망한 것을 버리고 진실을 깨달았으며, 무상함은 멀리하여 영원함을 체득하였습니다.

우리가 집착하고 있는 나(我)는 마치 하루살이가 잠깐 세상에 머무는 것처럼 단지 수십 년의 세월이 있을 뿐으로 잠시의 환영처럼 순식간에 변하는 것입니다. 진실의 나(眞我)는 시간과 공간의 대립을 초월하여 모양과 빛이 없고 앞뒤의 사량분별이 끊어진 상태입니다. 진실의 나는 모든 번뇌를 끊고 청정하고 물들지 않은 참다운 법신입니다.

어떻게 작은 나(小我)를 크게 하여 영원한 생명을 몸소 깨달을 것인가는 괴로움을 떨어내고 즐거움을 얻을 수 있는 주요한 길이며 또한 우리가 게을리할 수 없는 긴급한 의무입니다. 卐

집제集諦

집集은 고통을 일으키는 원인으로, 우리가 무명無明과 갈애渴愛에 휘둘려서 오욕五慾에 애착하는 까닭으로 갖가지의 악업惡業을 만들며 업보業報에 의해 갖가지의 고과苦果를 초래하게 됩니다.

집은 업業, 곧 업이 모인 뜻입니다. 업이라 함은 우리 몸(身), 말(口), 뜻(意)이 저지른 모든 행위를 가리킵니다. 우리가 어떤 행위를 했다면 이 행위가 만들어 낸 결과를 틀림없이 받게 됩니다. 그래서 업은 없어지지 않을 뿐 아니라 쌓여 모이게 됩니다.

자기의 행위는
자기가 책임진다

업이 다 나쁜 것은 아니며 좋은 업, 선업善業도 있습니다. 우리가 쓴 열매(苦果)를 맛보고 싶다거나 단 열매(樂果)를 맛보고 싶다면 어떤 업을 심었나를 보면 결정되는 것입니다.

인과업보의 사상은 일반적으로 인도의 철학사상계에 널리 퍼져 있는 특별한 가르침이며, 또한 불교 사상사에 빛나는 위대한 가르침입니다. 그것은 업의 작용이 우리의 인생을 광명의 앞날로 열 수 있고, 우리에게 무한한 희망을 주기 때문입니다.

혹 어떤 사람은 "앞에서 업은 모여져 고통스러운 장애가 된다고 말씀하지 않았습니까. 그런데 이번에는 어째서 업은 밝은 빛이고 희망이라고 말하십니까. 서로 모순되지 않습니까?" 하고 반문할 수도 있겠지만, 만약 여러분께서 진정으로 업의 작용과 가르침을 통찰할 수만 있다면 이 말을 의심하지 않을 것입니다.

업의 진정한 뜻은 '자기의 행위는 자기가 책임진다'입니다. 인류 사상사에 철학자들이나 종교가들로서도 해결하지 못한 어려운 문제가 있습니다. 그것은 바로 우주와 인생의 기원에 대한 본체本體로의 문제로 원소설元素說, 우연율偶然律, 존우설尊祐說 등 갖가지의 학설이 나와 있습니다. 예를 들면 서방의 기독교, 천주교는 세계의 형성을 하나님의 창조로 돌리며, 인도의 바라문교에서도 천지창조설을 주장하여 그 근원을 찾으려 시도하여 모든 일체를 신의 힘으로 주관한다는 타율론他律論을 세웠습니다.

불교는 인류의 운명을 진정으로 주재하고 결정하는 것은 자기 자신이지 다른 것이 아님을 강조합니다. 하나님도 인과 업보를 벗어나게 할 수는 없습니다. 불교에서는 업보業報는 자기의 힘으로 창조하는 것이지 신의 힘으로 결정되는 것이 아니라고 말합니다.

인생이 행복한가 고통스러운가, 앞날이 어두운가 환한가는 신이 우리에게 내려주는 것이 아닙니다. 자신이 얼마나 노력했나로 결정

됩니다. 좋은 과보는 우리가 좋은 일을 하고 좋은 인연을 심어서 얻는 것입니다. 나쁜 과보 또한 우리 자신이 나쁜 일을 하고 나쁜 인연을 심어 초래된 것입니다.

착한 일을 행하거나 악한 일을 행하는 것 모두가 자기 자신이 저지르는 것이지 다른 이들이 우리를 조종할 수 없습니다. 이러므로 불교는 자유의식을 존중하며 자기가 지은 것을 자신이 받음을 중히 여기는 자율론自律論의 종교입니다.

후스(胡適, 1891~1962) 선생은 "어떻게 거둬들일 것인가, 먼저 그렇게 재배해야 한다"고 하였습니다. 업은 마치 씨앗과도 같아서 우리가 어떠하게 거둬들이고 싶으면, 반드시 그러한 씨앗을 심어 키워야 합니다. 우리가 어떠한 업을 지어내면 그 과보를 받게 됩니다. 업의 과보는 기회가 균등하며 조금의 틀림도 없는 것입니다. 업보는 당신의 지위가 높고 권세가 크다 해서 면제되거나 받지 않는 것이 아닙니다.

"법률 앞에 만인은 평등하다"는 말이 있습니다. 업보 앞에서는 모두가 평등하고 신분, 성별, 귀천, 빈부를 막론하고 업보를 받게 됩니다. 업보는 설사 부부지간, 부모와 자식, 스승과 제자, 친구라 할지라도 누구도 대신할 수 없습니다. 모두 자기가 받아들여야 합니다.

업보는 우리 행위의 결과를 분명하게 기록하는데 그 정확도가 오늘날의 전자계산기, 컴퓨터로도 비교될 수 없습니다. 가령 사람들 모두 인과 업보의 관념이 있다면 도덕의식이 틀림없이 높아질 수 있어 사회의 범죄 행위가 자연히 감소되니 복되고 즐거운 사회가 건립됩니다.

그리하여 업보로 말하면 오늘날 사회의 얼룩진 인심을 정화시키고 도덕과 윤리의 수준을 끌어올리는 방면에 있어서 아주 중요한 일을 해낼 수 있습니다.

어떤 사람이 혹시 "자기의 업을 자신이 받는다고 말씀하셨는데 그렇지만 어떤 사람은 나쁜 일을 많이 했는데 하늘은 그를 벌하시지 않고 도리어 그가 부귀영화를 누리도록 하는가 하면, 어떤 사람은 좋은 일만 하는데도 불보살님이 그를 보살펴주지 않아 그 곤란을 당하게 하는데, 이러한 경우에는 인과응보란 도대체 어디에 있습니까?" 하고 반문할 수도 있겠습니다.

사실 이것이 바로 인과 업보입니다. 왜일까요? 인과 업보는 마치 식물을 심어 기르는 것과 같아 어떤 식물은 일 년이면 나뭇가지가 무성해집니다. 어떤 것은 이 년이 되어야 새싹을 틔우기 시작하고 심지어 일부 다년생인 것들은 몇 년이 되어도 한 점의 푸른기를 볼 수 없습니다.

또한 곡물을 심는 것과도 비교할 수 있습니다. 어떤 것은 봄에 심어서 가을에 알알이 영글은 과실을 거둬들일 수 있으며, 어떤 것은 금년에 씨앗을 뿌려 내년이 되어야 거둬들일 수 있습니다. 심지어 몇 년을 잘 보살펴 길러야만 열매를 맺기도 합니다.

업보도 마찬가지로 어떤 것은 금생에 바로 보報를 받기도 하고 어떤 것은 내생來生에, 심지어 여러 생을 거친 이후에 비로소 업보를 받기도 합니다. 업보는 단지 빠르고 늦음의 다름이 있을 뿐이지 인과응보의 존재를 부정할 수 없습니다. 그래서 불교에서는 "선善에는 선보善報가 있고, 악惡에는 악보惡報가 있다, 보가 없다 근심 마라. 단지 그때가 안 됐을 뿐이다"라고 말합니다.

인과응보는 절대로 공정한 것이고 단지 시간상으로 빠르고 늦음이 있을 뿐으로 이것이 바로 삼세인과三世因果의 도리입니다.

업보는
숙명론이 아니라
진취적인 희망

일부의 현대교육을 받은 사람들이 혹시 "흥, 지금이 어떤 시대인데! 21세기 과학문명이 발달한 오늘날 아직도 인과를 맹목적으로 믿다니" 하고 반박할 수도 있겠습니다.

21세기의 과학시대에 인과 업보를 믿는 것은 미신입니까? 선악인과의 업보야말로 가장 과학적이고 가장 문명적입니다. 우리의 시시각각이 오묘한 인과율因果律 속에서 생활하고 있지 않은 것이 없습니다. 우리의 생활 곳곳이 인과에서 떠나지를 못합니다.

예를 들어 배가 고프면 밥을 먹어야 하고 밥을 먹은 결과 배가 부르니 더는 고프지 않습니다. 우리가 피곤하면 휴식이 필요한데 기운을 돋고 정신을 쉬면 마침내 피로회복되어 활력이 충분해집니다.

우리 일상생활의 한 방울, 한 부분, 내지 지知, 정情, 의意의 심령 활동 그 어느 것이 인과의 관계를 벗어날 수 있겠습니까? 그러하니 만약 행복한 인생을 추구하고 싶다면 선한 인, 좋은 씨앗을 심어야만 달콤하고 아름다운 과실을 맛볼 수 있습니다.

어떤 사람이 전에 이러한 질문을 한 적이 있습니다.

"현재의 농산품은 접을 붙이는 과학 방법을 써서 수박과 자두를 교배해 새 품종을 내는데 이러한 경우에 인과를 말한다면 어떻게 해석됩니까?"

심은 것은 수박과 자두의 혼합 종으로 자라나오는 것은 물론 수박 같지도 자두 같지도 않은 새로운 품종입니다. 이 새로운 품종은 두 가지 인因이 합하여 생겨난 새로운 과果이니 변함없이 인과율에 위배되지 않는 것입니다.

시험관 아기의 예도 그렇습니다. 비록 모체 내에서 수태되는 것은 아니지만 역시 부모의 정혈精血이 필요하고 거기에 과학적인 것을 더해야만 키워낼 수 있습니다. 이 모든 것은 인연이 합하여진 것으로 변함없이 인과관계를 떠나지 못합니다. 만약 시험관에 정혈을 집어넣지 않는다면 더없이 발전된 과학이라도 사람을 만들어 낼 방법이 없는 것입니다. 만약 시험관이 아기를 만들어 낼 수 있다면 시험관더러 만들라고 하면 일이 다 된 게 아니겠습니까? 그러나 사실은 결코 이러하지 못한 것이고 시험관 속에 인이 없으면 절대로 과果를 생산해내지 못합니다. 단지 생겨나는 방법이 다른 것에 불과합니다.

세상에 인과율을 벗어날 수 있는 것은 아무것도 없습니다. 악업을 심으면 필연적으로 악보를 받아야 합니다. 악업이 모이면 설사 우리에게 고난의 삶을 가져오게 되지만 언젠가 악업을 다하여 없앨 수 있는 것이기에 우리에게 무한한 광명과 희망을 줍니다.

이것은 무슨 도리인가요? 마치 한 사람이 곳곳에서 돈을 빌려 빚이 주렁주렁하더라도 단지 어느 날인가 빚을 깨끗이 갚았으면, 빚이 없는 홀가분한 몸이 되는 것과 비교할 수 있습니다. 흉악하기 그지없는 죄업이 그득한 사람도 어느 날엔가 받아야 할 업보를 다 받았다면 역시 자유롭고 죄 없는 몸이 됩니다. 죄업이 가득한 사람은 마치 법의 그물에 저촉된 사람이 법률의 제재를 거쳐 감옥에서 형벌을 마친 후 다시 자유 광명을 보는 것과 마찬가지입니다.

업보도 상환시킬 수 있는 그 날이 있습니다. 업보를 다 상환했을 때 인생은 역시 변함없이 한 편의 아름다운 풍경이며 밝은 빛과 희망으로 가득 찹니다.

불법에 "우주 만물은 항상 돌고 변하여 한 모양으로 머물러 있지 아니한다(諸行無常)"했습니다. 죄업도 덧없이 변화하여 자성이 없으니 단지 우리가 악업을 계속해 만들지만 않고 선업을 널리 심는다면 어느 땐가는 틀림없이 고통을 없앨 수 있습니다.

"인연을 따라 옛 업(舊業)을 없애고, 새로운 죄를 짓지 않는다" 했듯이 자연히 괴로움을 멀리하고 즐거움을 얻을 수 있습니다. 업보는 결코 소극적인 숙명론을 말하는 것이 아니며 모든 것이 무한한 희망으로 가득 찬 적극적이고 진취적인 뜻으로 충만되어 있습니다.

우리가 고통의 깊은 늪에서 벗어나고 싶다면 먼저 집고集苦의 원인부터 없애 새로운 고업苦業을 다시 짓지 않으면 즐거운 인생은 결코 멀지 않습니다. 그리하여 고통을 이루는 원인인 '집'을 철저히 아는 것은 우리들이 행복을 좇아가는 데 있어 가볍게 볼 수 없는 아주 중요한 일입니다. 🌱

멸제滅諦

만약 어떤 사람이 당신에게 "왜 불교를 믿으려 하십니까? 불교를 믿는 목적은 무엇입니까" 하고 묻는다면 여러분은 어떻게 대답하실지 모르겠습니다. 만약 여러분이 저에게 묻는다면 대답은 "멸滅을 추구하기 위해서"라고 말할 수 있습니다. 제 대답을 들은 분들은 종종 놀라곤 하는데, 멸에 대해 이야기하면 곧 사람들은 소멸消滅, 없어짐, 공空과 무無를 연상하여 두려움을 느끼기 때문입니다.

불법을 접할 때 글자의 뜻을 번역한 것을 접하다 보니 때로 사람들은 불법의 참뜻을 오해해 잘 받아들이지 못합니다. 이러한 것들이 불법을 널리 펴는 데 장애가 됩니다.

진공묘유의
진리

사성제의 멸제滅諦는 결코 일반적으로 글자가 나타내는 소멸, 없어짐의 뜻이 아닙니다. '멸'의 참뜻은 허망하고 분별된 번뇌를 없애서 평등하고 진실한 자성自性을 나타내는 것입니다. 그래서 멸은 단지 소극적으로 파괴성을 갖고 있을 뿐만이 아니라 적극적으로 창조성創造性, 건설성建設性을 갖추고 있습니다. 멸이라 함은 탐진치 등 번뇌를 없앤 이상경계理想境界를 가리킵니다. 목이 말라 물을 찾듯이 오욕에 애착하는 욕망의 불길이 꺼져야만 고요하고 깨끗한 열반경계가 나타날 수 있습니다.

대승불교의 반야공관般若空觀과 멸은 서로 같습니다. 공空을 말하면, 혹 어떤 이는 "불교에서 말하는 공은 이 세상도 텅 비었고, 사람들도 전부 없어져 버려, 공은 사람을 허무하고 아득한 세계 속에 빠지게 하고, 사람조차 부숴버려서 아무것도 없을테니 공은 정말 너무 무섭구나"라고 합니다.

사실 공은 결코 끊어져 없어진 허무주의적인 공이 아니라, 공속에 품고 있는 무한한 유有를 말합니다. 비어 있지 않으면(不空) 담을 수 없고, 비어 있어야(空)만 존재할 수 있습니다. 평상시 우리 관념 속의 있음(有)은 헛된 있음이요 일시적인 있음이고, 공이야말로 참된 있음(眞有), 바른 있음입니다.

어떻게 해서 분명한 공이 불공不空이 되었고, 멸한 것이 멸하지 않은 불멸不滅이 되었나를 간단히 예를 들어 설명하겠습니다. 평상시 우리가 한 가지 일을 잘 처리하려 한다면 반드시 다섯 가지 사항을 잘 고려해야 합니다. 사람, 일, 시간, 장소, 물건입니다. 그중에서 장소가 바로 공간空間의 뜻으로 공간의 중요성을 잘 알 수 있습니다. 만약 여러분께서 강연회를 열려고 한다면 제일 먼저 고려해야 할 문제는 '어디에서 열 것인가'입니다. 만약 장소가 없다면 개최할 방법이 없습니다.

사실상 공간과 우리의 생활은 마치 입술과 이가 서로 의지하는 것과 마찬가지로 관계가 아주 밀접합니다. 예를 들면 옷에 주머니 라는 공간이 있기 때문에 물건을 넣을 수 있는 것과 같습니다. 지 갑은 비어 있으니 돈을 담을 수 있습니다. 인간의 신체기관을 봐도 코는 비어 있고 귀도 비어 있고 목구멍, 위, 장 또한 비어 있습니다. 또한 전신의 털구멍도 비어 있으니 공기를 흡수할 수 있고 영양분 을 섭취하여 신진대사를 활발히 진행시키니 생명을 지켜나갑니다.

만약 이러한 공간을 모두 막아버리면 인류는 한순간이라도 생 존해 나아갈 방법이 없습니다. 그래서 공空해야만 존재할 수 있고, 공空해야만 생겨나고, 있을 수 있습니다. 그러니 멸과 공은 없는 것이 아닙니다. 허망하고 부실한 것을 없애야만 진실된 묘유妙有가 나타납니다.

유가의 순자荀子는 심성을 닦고 기르는 힘에 허虛·일壹·정靜 세 단계를 거쳐야 한다고 주장했습니다. 사람됨은 마음을 비워야만 발전할 수 있다고 말합니다. 마음을 비운다(虛心) 하는 것은 곧 마 음이 적당한 공간을 지키고 있어야 제멋대로 하지 않고, 재능을 믿고서 남을 멸시하지 않는 것입니다. 마음에 여유가 있으면 자연 히 새로운 지식과 다른 사람의 의견을 쉽게 받아들이게 되어 발전 이 있게 되는 것은 말할 나위 없는 사실입니다.

경전에 "부처의 경지를 알려는 자는 자기의 뜻을 없애 허공과 같이하라" 했습니다. 우리는 모두 허공을 본 적이 있습니다. 그러나 누가 허공의 모양과 형상을 분명하고 정확히 말해낼 수 있습니까? 허공의 모습은 도대체 기다란 것입니까, 네모난 것입니까? 아니면 동그란 것입니까?

허공은 곳곳에 펼쳐 있어 없는 곳이 없습니다. 허공이 컵 속에 투사投射되면 허공은 곧 동그란 것이며, 허공이 네모난 상자 속에 보이면 허공은 곧 네모난 것입니다. 허공은 모습이 없기 때문에 모습을 나타내지 않는 곳이 없습니다. 우리가 만약 마음을 허공과도 같이 무궁무한하게 넓힐 수만 있다면 부처님의 경지를 무엇인가 이해할 수 있을 것입니다.

꽃을 지나나
꽃잎이 붙지 않는다

성불이라 함은 바로 반야진공般若眞空의 실상을 깨닫고, 열반적멸涅槃寂滅의 진리를 깨닫는 것입니다. 적멸寂滅은 생사의 소멸로 윤회의 끊어짐을 가리킵니다. 사람은 생사윤회가 있기 때문에 고통의 긴 밤에서 돌고 돕니다.

생사윤회가 끊어졌을 때만이 나지 않고 죽지 않을 수 있고 불교의 궁극적인 경지, 언제나 괴롭지 않고 즐거움을 얻을 수 있습니다. 우리에게 고통이 있는 것은 욕망이 있기 때문입니다. 그런 까닭에 고통의 괴로움을 없애는 근본적인 방법은 바로 세속의 욕망을 없애는 것입니다.

불교가 사람들에게 욕망을 없이 해야 한다고 하는 말을 듣고 어떤 이는 혹시 속으로 두려운 생각이 들 수도 있겠습니다. 세속적인 욕망을 없애면 결혼하여 자식을 낳을 수도, 출세하여 돈을 벌 수도, 인간적인 쾌락을 누릴 수도 없으니 두렵지 않은가 생각하기도 하는데 이러한 생각은 다 쓸데없는 걱정입니다.

불교는 행복을 추구하는 종교로, 정당한 추구를 결코 배척하지 않습니다. 불교에서 부정하는 것은 재물에 대한 끝없는 욕심입니다. 여러분 모두 그전과 마찬가지로 결혼도 하고 사업하고 정치하는 일반적인 생활을 할 수 있습니다.

《유마경維摩經》의 주인공인 유마힐維摩詰은 그가 아름다운 것에 둘러싸여 있고 부유하기가 한 나라의 전체 재산과 맞먹을 정도였지만 조금도 물욕에 끌리지 않았습니다. "비록 속가에 거주하나 삼계三界에 잡히지 않고, 처자가 있으나 항상 범행梵行을 닦는다"라고 경전에 나타나 있습니다. 유마힐 거사는 "꽃이 우거진 가운데를 지나나, 꽃잎이 몸에 붙지 않는다"는 경지를 진정으로 해낸 것입니다.

필요로 하지 않음으로써
필요로 한다

어떤 사람은 불교가 감정을 배척한다고 하는데, 사실 불교는 감정을 아주 중요시하는 종교입니다. 불교에서 배척하려는 것은 사사로운 정과 욕심입니다. 사사로운 정은 자비로 승화시키고, 사욕은 정화하여 지혜로 바꿉니다. 불교에서 주장하는 감정은 봉헌奉獻, 곧 기여하는 것이지 점유가 아니며, 보시이지 탐욕을 구하는 자비가 아닙니다.

불교에서 주장하는 애정은 모든 중생을 사랑함이지, 한 특정 대상이 아닙니다. 보살이 중생을 괴로움에서 구하려 하는 것은 바로 이러한 감정의 가장 높은 표현입니다.

자비롭고 지혜로운 감정이 있으면 골치 아픈 문제가 생겨나지 않습니다. 어떤 사람은 달콤한 애정을 좇으며 일생을 보내는데 애정이 물론 즐거움을 가져오기도 하지만 또한 고통을 부르는 근원이 되기도 합니다.

신문을 펼쳐보면 끔찍한 사건들이 끝이 없고, 그 원인을 따져보면 애정과 금전 문제에 지나지 않는 것이 많습니다. 지혜로움과 자비로움이 없는 애정은 위험한 함정입니다. 아마도 대부분의 사람이 인생의 즐거움은 애정과 금전 이외의 것이 아닌데 감정을 없애고 금전에 욕심을 내지 말라는 불교를 믿어서 무슨 즐거움이 있겠는가 하고 생각할지도 모르겠습니다. 사실 불교에서는 금전을 배척하지도, 황금은 독사라고 주장하지도 않습니다.

가난하고 궁하다는 것은 죄악이 아니듯, 부귀 또한 싫어하고 배척할 필요가 없습니다. 대승보살은 돈은 많으면 많을수록, 지위가 높으면 높을수록 좋다고 생각합니다. 단지 탐하는 마음을 조장하지 않고 불법을 널리 펼침에 유리하다면 돈이나 지위는 도를 따르기 위한 도구가 어찌 아닐 수 있겠습니까? 예를 들어 배움을 구하고 학문을 연구하려면 학비가 있어야 하고, 사업을 성취시키려면 자본이 있어야 하듯이, 학비나 자본을 쓰지 않고서 어떤 일도 이룰 수 없습니다.

돈을 좋지 않게 쓰는 사람에게는 어떤 경우 금전이 사람을 죽일 수 있는 독사가 되기도 합니다. 그러나 적절히 잘 운용할 줄 아는 사람에게는 마음의 뜻에 따라 금전이 많은 일을 해낼 수 있습니다. 그래서 금전 그 자체는 결코 선악이 없습니다. 가장 중요한 것은 쓰임새가 법에 맞는가 안 맞는가이며, 돈을 갖고 있는 사람이 움켜쥘 수 있는 능력, 내어놓을 수 있는 배짱이 있는가 없는가입니다.

중국 남송 초기의 무장이었던 악비(岳飛, 1103~1141)가 "한 나라가 부강하길 바란다면, 문관은 재물을 사랑하지 않고, 무장은 죽음을 두려워 말아야 한다. 그렇지 않다면 오직 스스로 멸망을 초래함이 있을 뿐이다"라고 하며 당시의 국가정세를 개탄한 적이 있습니다.

만약 모든 사람들이 금전이나 생사를 나라보다 중요시해서, 재물을 보면 차지하려 하고, 위험에 부딪치면 두려워하고 희생정신이 없다면 나라는 자연히 생존할 수 없습니다.

불자들은 세간을 벗어난 출세간出世間의 정신으로 세간에 드는 입세入世의 사업을 해야 합니다. 세간을 벗어나려는 생각이 있으면 세상의 명예나 이익에 대해 탐내는 마음이 생기지 않습니다. 일체의 성취를 사회대중에 보답하고, 대중에 유익한 일이라면 설사 목이 땅에 떨어지더라도 기꺼이 나서야 합니다.

일반적으로 사람들은 불교에서는 아무것도 필요 없다 한다고 생각합니다. 마누라도 필요 없고, 재물도 필요 없다고 말입니다. 사실 불교에서는 무엇이든 필요 없다고 하지 않고 필요함을 더욱 강구합니다.

단지 불교가 필요로 하는 내용, 필요로 하는 방법이 다를 뿐입니다. 자기의 이익뿐만이 아닌 모든 중생의 행복을 필요로 합니다. 또한 필요로 하는 방법은 '필요로 하지 않음으로써 필요로 한다(以不要而要)'는 무착심無着心입니다.

저는 우리가 없음을 있음으로 하고, 공空으로서 유有로 삼아서, 유를 공과 없음의 위에 세워야 한다고 자주 이야기합니다. 그것은 공하지 않으면 유有할 수 없고, 없지 않으면 있을 수 없기 때문입니다. '유'는 유한하고, 제한된 양, 제한된 수이지만, '무'야말로 무한하고, 무량무변한 것입니다.

우리 인생에는 두 가지가 있습니다. 앞의 것은 좁고 작은 '유의 세계'로, 중생들이 무지하여 '있음의 세계'를 빼앗기 위하여 머리가 터져라 하고 다투지만, 자기에만 한정하지 않고 더욱 광활하게 돌아보는 세계(回頭世界)가 있음을 모릅니다. 고개를 돌려서 초탈되고 더욱 광대한 세계를 돌아보는 것도 좋습니다.

이 돌아봄의 세계는 우리들의 사사로운 욕심과 정을 끊어 없앤 후에야 나타날 수 있습니다. 끊어 없어진 '무의 세계'에서는 생사가 끊어지고, 욕망이 소멸되어 모든 상대적인 것, 차별, 허망함 모두가 존재치 아니하니 이는 완전 해탈하고 거리낌 없는 세계입니다. 유유자적하고 소탈하고 걸림이 없는 인생 경지는 불법을 배우는 사람들이 열심히 추구해야 할 세계입니다.

다리는 흘러도
물은 흐르지 않누나

그러면 이 해탈 경지는 언제쯤에야 완성될 수 있을까요? 우리의 몸이 죽고 생명이 끊어져서야 다다를 수 있는 것은 아닐까요? 아닙니다. 당초 석가모니 부처님께서 보리수 아래 금강좌에 앉으셔서 밤하늘의 별을 보고 깨달음을 열은 그 찰나에 바로 이러한 절대적 적멸의 열반경계를 증득했습니다.

그러니 단지 우리가 용맹정진하기만 하면 우리도 부처님과 마찬가지로 이러한 깨달음의 세계를 몸소 느낄 수 있습니다. 깨달은 자의 경지는 어떠한 세계일까요? 보통 사람들이 도를 깨우친 사람을 볼 때, 좀 이상스럽고 다른 점을 쉽게 찾을 수 있습니다.

선종禪宗의 어록 속에 선사들이 도를 깨달을 때의 여러 가지 다른 형태가 묘사되어 있습니다. 어느 경우는 미친 것처럼 크게 웃어대고 어느 경우는 제자가 스승을 때리고, 그 스승이 개의치 않을 뿐 아니라 도리어 허허 웃으며 잘했다 하고, 어느 경우는 스승과 제자가 서로 때리며 놉니다.

이러한 기이한 행적은 일상적인 상황에서는 도리에 어긋나는 것처럼 보입니다. 그러나 도를 깨달은 사람들에게는 그 속에 무한한 선을 깨달은 계기가, 무진한 선열禪悅이 있는 것입니다. 그러므로 도를 깨달은 사람의 경계는 속세의 생각을 가지고 가늠해서는 안 될 것입니다.

부처님께서 도를 깨달으실 때 보리수 아래 장장 스무하루 동안 앉아서 말로 형용할 수 없는 깨달음의 세계의 심오한 쾌락을 즐기시며, 앞으로 법을 전할 일들을 계획하셨습니다. 깨달은 세계의 법락法樂은 우리가 능히 알 수 있는 것이 아닙니다.

빈손으로 호미 자루를 잡고
걸으면서 물소를 타고 있다

사람이 다리 위를 지나는데
다리는 흘러도 물은 흐르지 않누나

空手把鋤頭 步行騎水牛 人從橋上過 橋流水不流

"다리는 흘러도 물은 흐르지 않는다"는 말은 부대사(傅大士, 497~569)의 시구에서 비롯된 말로 선의禪意가 가득 담겨 있습니다. 이 시를 만약 글로 이해해서 상식적으로 판단한다면 모순투성이라 느낄 것입니다.

빈손이라면서 어떻게 호미를 들고 있는가? 걸어간다면서 어떻게 물소를 타고 있단 말인가? 사람이 다리 위에서 보니 다리는 흐르고 물은 흐르지 않는다고 하는가? 이 시는 선사들이 인생과 우주의 진리를 깨달은 진실된 세계에 대한 다른 한 진실된 인식입니다.

깨달은 자가 알게된 세계는 시간, 공간, 소멸, 상대적 차별을 초월하여 마음과 물체가 둘이 아닌 하나이고 안과 밖이 하나이며, 법경일체法境一體인 열반적정 세계인 것입니다. 어지러이 날뛰는 중생의 흐름을 어떻게 끊어서 불법의 큰 바다로 들어가느냐 하는 것은 잠시라도 늦출 수 없는 임무입니다. 🪷

도제道諦

절멸의 깨달음의 세계가 이렇듯 수승하다면 어떻게 하여야만 도달할 수 있을까요? 멸의 세계에 들어가려 한다면 사성제의 도제道諦로서 수행해 나아가야 합니다.

그러면 도道는 또한 무엇인가? 도의 범위는 아주 넓어 대략 사무량심四無量心, 사홍서원四弘誓願, 삼학三學, 오계五戒, 십선十善, 칠보리七菩提, 팔정도八正道, 삼십칠도품三十七道品, 육바라밀六波羅蜜 등 모두가 다 도입니다. 만상萬象을 포괄한 도의 내용은 하루아침, 한나절에 모두 설명될 수 없는 것입니다. 그 가운데에서 팔정도에 관해 이야기해보겠습니다.

팔정도를 팔성도八聖道라 하기도 하는데 멸제에 이를 수 있는 여덟 가지 정확한 방법을 뜻합니다. 어려서 출가했을 때 강원에서 수시로 팔정도의 해석을 들었고, 불학원에서 강의하며 저 자신도 팔정도를 말하는데, 그 후로 수십 년의 생활 내내 줄곧 팔정도를 떠난 적이 없다고 말할 수 있습니다.

그러나 지난날 팔정도를 이해했다는 생각은 단지 그 이름과 형상에 그쳤을 뿐입니다. 최근에서야 더욱 분명하고 철저히 그 뜻을 깨닫게 되었습니다.

무엇을 팔정도라 할까요? 팔정도는 정견正見, 정사유正思惟, 정어 正語, 정업正業, 정명正命, 정정진正精進, 정념正念, 정정正定 등 여 덟 가지 성인의 경지에 들어가는 수행 방법을 말합니다.

팔정도를 글자만 볼 때는 아주 쉽게 이해할 수 있을 것 같습니 다. 그러나 한발 더 나아가 철저하고 분명히 그 의의를 깨달으려 한다면 그렇게 간단한 것이 아닙니다.

예를 들어 팔정도의 하나인 정견正見은 정확한 견해라는 신앙적 인 뜻 외에도 네 가지 의의를 더 포함하고 있습니다. 첫째, 정견에 는 선·악이 있다. 둘째, 정견에는 업業과 보報가 있다. 셋째, 정견에 는 성聖과 범凡이 있다. 넷째, 정견에는 전생과 후세가 있다는 것입 니다. 그럼 팔정도를 더욱 자세히 살펴보겠습니다. 🪷

팔정도

정도正道라 하는 것은 치우치고 삿됨을 떠난 중도中道로 성자聖者의 도道에 속하며 성도聖道라 이름하기도 합니다. 중도는 아주 중요하고 두드러진 덕행 품목으로 부처님이 명시하신 것이며, 부처님이 설법하실 때 팔정도를 설하시고 열반에 들기 전에는 더 늘리고 넓혀서 삼십칠각지三十七覺支를 설하셨습니다. 팔정도는 다음과 같습니다.

바른 앎과 바른 견해,
정견正見

바르게 보는 것입니다. 불법을 바로 이해하고 신神 중심, 자기중심, 물질 중심 등의 잘못된 견해를 멀리하는 것입니다. 그럼 무엇을 정견이라고 할 수 있을까요? 어떠한 불합리한 일이나 곤란에 부딪혔다 하더라도 진리의 가르침에 대하여 변함이 없는 것을 정견이라 합니다.

세간의 지식에는 선악이 있어서 어떤 경우에는 믿을 수 없고 우리를 속일 수도 있습니다. 치痴라는 글자의 생김새를 보면 지知 자위에 병病 자를 더한 것입니다. 병든 지식이 바로 어리석음, 치痴입니다.

아주 똑똑한 사람이 나쁜 일을 벌이면 더욱 지독합니다. 예를 들면 히틀러, 진시황제 등이 그렇습니다. 그러므로 해박한 지식을 갖추고 있다 해서 인격을 갖추었다 말할 수는 없습니다. 지식은 칼날과도 같아 쓰임새가 바르지 못하면 마치 호랑이에게 날개를 붙여준 것과 같아서 사람을 더욱 많이 다치게 합니다. 지식을 어떻게 지혜와 정견이 되도록 하느냐야말로 가장 중요합니다.

지식을 바른 앎과 바른 견해가 되도록 하는 것은 결코 쉬운 일이 아닙니다. 그 원리는 광선, 거리, 속도 모두가 알맞게 조절되어야 선명하고 아름다운 화면이 찍히는 사진의 원리와도 같습니다.

정견이 있을 때 인생우주의 참모습을 분명히 볼 수 있습니다. 정견이 부족해서 세간을 보면 안개 속에서 꽃을 보고, 장님이 코끼리를 더듬는 것과 같아 엄중한 차이를 불러옵니다. 불교의 가르침과 수행방법은 모든 사람의 근기가 다름에 따라서 갖가지 법문을 펼쳐 냅니다. 중생은 자기의 지혜를 맞춰서 자기 자신의 근기에 상당되는 불법의 이해를 기르도록 힘써야 합니다.

예를 들면 범부인 중생은 정견을 기르도록 하여야 하며 이승근인二乘根人은 인연의 도리를 알도록 하여야 합니다. 대승보살은 공혜空慧를 깨닫도록 하고 부처님은 반야를 증득하신 각자覺者입니다.

정견에서 인연, 공空, 반야로 이어지는 수행 과정은 마치 초등학교에서 중고등학교를 거쳐 대학교로 진학해 순서를 따라 학업을 계속하는 것과도 같습니다. 초등학교의 불법을 배우자면 먼저 바른 앎과 바른 견해를 길러야 합니다.

그런 후에 한 계단 나아가 중고등학교로 십이인연의 도리를 관찰하며, 중고등학교를 졸업하고는 더욱 한층 올라가 공혜空慧를 관觀하고 비추도록 합니다. 대학의 학업을 이루고 나서는 마지막으로 더욱더 한 걸음 나아가 반야바라밀을 닦아 익힙니다.

이것은 순서가 매우 엄격한 학사제도로 어느 정도까지 이를 수 있는가는 각자 스스로 얼마나 자기 정진이 높은가에 따라 결정됩니다. 다른 면에서 볼 때 설사 부처의 반야까지 닦고 익히게 되었다 할지라도 정견의 단계를 거쳐야 합니다.

　그래서 정견은 도에 드는 중요한 관문입니다. 바른 앎과 바른 견해를 키우는 것은 우리들이 불법을 배우는 데 첫 번째 중요한 항목입니다.

바르게 생각하는 것
정사유正思惟

　바르게 생각하는 것입니다. 간사하고 그릇된 탐욕을 멀리하며 진리에 맞게 지혜로운 생각을 하는 것입니다. 정사유라 함은 정확한 의지, 결의 및 사고, 또한 탐욕하지 않고, 성내지 않으며, 어리석지 않음을 뜻합니다.

　탐욕과 성냄과 어리석은 짓 등 탐진치 삼독은 수시로 우리를 옭아매 구도의 길로 나아갈 수 없게 합니다. 삼독은 시시각각 우리의 마음속에 자리 잡고 앉아 우리의 청정한 본성을 오염시킵니다.

　이 세 가지 해로운 독을 멀리하는 것은 결코 간단한 일이 아닙니다. 반드시 강한 힘을 내어 우리의 생각을 그때그때 바른 법과 상응시켜야 삼독을 없앨 수 있고 불도佛道에 들어갈 수 있습니다.

바르게 하는 말
정어正語

바르게 하는 말입니다. 거짓말, 난폭한 말, 남을 비웃거나 헐뜯는 말, 떳떳하지 못한 말, 농하는 말 등 도에 맞지 않는 말을 멀리 하는 것입니다.

정어라 함은 선량한 구업口業을 말하며, 또한 십선업十善業 가운데 거짓말이나 헛된 말을 하지 않는 불망어不妄語에서 진실한 말을 하는 진실어眞實語, 남을 괴롭히는 나쁜 말을 하지 않는 불악구不惡口에서 부드럽고 상냥한 말로 남을 기쁘게 하는 유연어柔軟語, 이간질 하지 않는 불양설不兩舌에서 서로 화합이 되도록 하는 화합어和合語, 진실이 없는 교묘하게 꾸미는 말을 하지 않는 불기어不綺語에서 꾸미지 않아서 감추어진 바가 없는 올곧은 말을 하는 정직어正直語를 말합니다.

"병病은 입으로부터 들어오고, 화禍는 입으로부터 나간다"는 말이 있듯 우리의 입에는 예리한 도끼가 감추어져 있습니다. 말이 부당하면 남을 다치게 할 뿐 아니라 자기 자신도 다칩니다.

바르게 하는 일
정업正業

바르게 하는 일입니다. 국가의 법률을 준수하고, 계율을 지키고, 법을 어기는 일은 하지 않으며, 고상하고 선량한 생활을 해나가는 것입니다. 정당한 일거리, 또한 십선업 가운데 살생하지 않고, 도둑질하지 않고, 사음하지 말며, 음주하지 말라이기도 합니다. 소극적으로 악업을 하지 않는 것 이외에도, 적극적으로 자비 희사 등 선행을 실천해야 합니다.

바른 생활
정명正命

바른 생활입니다. 정명은 이치에 합당한 경제생활과 그 모색하는 방법을 가리킵니다. 예를 들어 도박장, 술집, 살생할 수 있는 낚시·사냥 용구 판매점 등을 운영한다든가, 도살장 등의 상업 행위 모두가 정명이 아닙니다.

평상시 규율이 있는 생활 습관도 정명입니다. 예를 들면 적당한 수면과 음식을 취하고, 일을 하는 가운데 운동도 하고 휴식을 즐기는 것은 건강을 증진시켜줄 뿐만 아니라 일의 효율을 높여 가정을 화목하게 하고 사회를 안정시키는 요인이 됩니다.

올바른 노력
정정진正精進

올바르게 노력하는 것입니다. 곧 바른 도리를 향하여 힘써 나아 가고 계정혜戒定慧 삼학三學을 부지런히 닦는 것입니다. 곧 사정근 四正勤을 열심히 실천하는 것입니다.

사정근이라 함은 생겨나지 않은 악惡을 싹이 트지 않도록 하고, 이미 생겨난 악을 철저히 끊어 없애고, 아직 생겨나지 않은 선善 을 잘 자라나도록 힘써야 하고, 이미 생겨난 선을 없어지지 않도록 잘 지켜나가 더욱 커지도록 하는 것입니다.

올바른 마음가짐
정념正念

올바른 마음, 바른 마음과 진실한 뜻으로 망상과 뒤바뀐 생각 을 멀리하고 바른 마음을 잃지 않는 것입니다. 정념의 마음을 사 념처四念處 위에 안주시키는 것입니다.

사념처는 사념주四念住라고도 하는데, 자신의 몸(身)과 감각(受) 과 마음(心)과 진리(法)에서 일어나는 여러 가지 변화를 관찰함 으로써 제행무상諸行無常, 제법무아諸法無我, 일체개고一切皆苦의 세 가지 진리를 깨닫고자 하는 것입니다.

여기에는 신념처身念處, 수념처受念處, 심념처心念處, 법념처法念處의 네 가지 방법이 있습니다.

신념처는 이 몸이 깨끗하지 못함을 관하고, 수념처는 외계의 대상으로 인하여 느끼는 모든 감각이 고苦임을 관하며, 심념처는 마음의 덧없음을 관하고, 법념처는 물체와 마음, 선과 악 등 모든 사상事象은 무아無我, 곧 일체의 존재는 영원 불변의 고정적 실체가 없으며 모두 덧없는 것이므로 '나'라는 존재도 없음을 관하는 것을 말합니다. 곧 마음을 무상無常, 무아無我, 고苦 위에 그때그때 놓아서 세간의 사소한 이익에 연연해 하지 않고 수행해나가는 것입니다.

올바른 선정
정정正定

올바른 선정禪定입니다. 이것은 진리를 깨닫는 지혜, 번뇌에 젖지 않고 맑고 깨끗한 선정에 드는 것으로, 몸과 마음을 한 곳에 머물게 하여 모든 잡념을 없애고 원만한 인격을 양성하는 것입니다.

우리가 만약 이 여덟 가지 도에 들어가는 조건을 갖추었다면 산에 오를 만반의 준비가 갖춰진 것과 같습니다. 한 걸음 한 걸음 순조로이 불법의 높은 봉우리에 오를 수 있습니다. 팔정도를 계정혜 삼학에 귀납시킬 수도 있는데, 곧 정어·정업·정명을 계학戒學으로, 정념·정정을 정학定學으로, 정견·정사유·정정진을 혜학慧學으로 합니다.

중국 불교의 선(禪: 正定), 정(淨: 正念), 율(律: 正語·正業·正命), 밀(密: 正念·正語) 등 여러 가지 종파의 수행법은 모두 팔정도의 실천규범을 원칙으로 하고 발전해나온 것입니다.

부처님의 가르침을
자기의 사상으로 바꾸는 길

이렇게 불교에서 말하는 정도正道는 단지 이론으로 이해하는 것이 아니고 실제 생활에서 닦아야 합니다. 이를테면 정견의 견見은 견해見解, 지견知見의 뜻으로 부처님의 근본사상을 자기 사상으로 삼는 것입니다. 수행을 실천하는 처음부터 곧바로 해낼 수는 없지만, 적어도 반드시 절대의 신앙으로서 그것을 목적으로 삼고 행동하지 않으면 안 됩니다. 정사유는 바로 부처님의 사상을 자신의 사상으로 생각하고 늘 반성하고 살펴야 합니다. 정어와 정업은 정견을 목적으로 정진하는 과정이며, 정견에서부터 신체의 모든 움직임, 즉 말과 행동으로 이어져 생활해 나가야 합니다. 이렇게 하여 정사·정어·정업이 일반적으로 말하는 신구의身口意 삼업三業을 청정하게 하는 것입니다.

정명의 명命은 생활로 곧 생활 속에서 신구의 삼업이 통합되어 생활의 일체가 고르게 정견과 합일됨입니다. 정정진의 정진은 노력과 격려의 뜻으로 사思·어語·업業·명命 가운데 모두 존재하고 있습니다. 정념의 염念은 전념하고 집중하며 늘 생각하여 잊지 않음이며, 정정진의 내면을 나타냄이니 곧 정견이 눈앞에 나타남입니다. 정정의 정定은 일반적으로 삼매三昧라 의역하는데 마음을 한 곳에 집중하는 것을 말합니다.

정정은 바로 정定을 닦는 것입니다. 옛 스님의 주석 가운데 정견과 정념을 정정의 보조인연의 도구로 삼았으니, 정정을 나타내는 것을 목적으로 하는 경향이 있습니다. 그러나 정지正智·정해탈正解脫을 정정正定의 뒤로 해야 합니다. 정정은 일종의 수단이나 방법을 나타내는 것이지 목적이 아니기 때문입니다.

이상에서 말한 팔정도의 실천은 부처님의 사상을 자기의 사상으로 바꿀 수 있는 길입니다. 팔정도에는 어떠한 세상 밖의 일이나 혹은 신비적 요소를 포함하고 있지 않습니다. 모두가 일상생활의 가르침으로, 신앙과 도덕의 요소를 충분히 포함하고 있으며, 인간이 생활 속에서 마땅히 지켜야 할 규칙을 가르치고 있습니다. 만약 이에 의지하여 점차로 실천해 나간다면 무명번뇌를 해탈할 수

있고, 청정하고 유쾌한 생활을 누릴 수 있으니, 이것이 바로 불자의 진정한 수행 자세입니다. 🏵

육
바
라
밀

불교를 잘 이해하지 못하는 사람은 불교를 믿으면 세상을 버리고 처자식을 멀리하며, 명예와 재산을 포기해야 하는 줄 압니다. 불교가 마치 일체에 미련을 둘 가치가 없다고 가르치는 양 생각합니다. 이러한 모든 것이 불교에 대한 오해입니다.

불법을 배우는 사람들은 세상만사 어느 것에 대해서든 한결같이 이성과 지혜의 힘을 써야 합니다. 정확한 인식 아래 지나치게 집착할 필요도 없고 지나치게 냉담하지도 않아야 합니다. 지나치게 집착하면 세속적인 감정에 의해 좌우되는 것을 면할 수 없고, 반대로 너무 냉담하면 외롭고 소외되어 세상을 등한시하게 되기 때문입니다.

진정한 대승불교의 수행은 중도中道입니다. 이른바 '불법은 세간에 있다. 세간을 떠난 깨달음은 없다'는 것입니다. 불교를 믿는 사람은 정확히 세간을 인식하고, 일상생활 속에 불교의 사상을 어우러지게 하고 불법을 기준으로 생활해야 합니다. 이것이 바로 육바라밀六波羅蜜 수행입니다.

육바라밀은 육도六度라고도 하는데, 위로는 보리를 구하고 아래로는 중생을 교화하는 출세간의 법입니다. 곧 보살은 불도를 닦아 깨달음을 구하고 아울러 뭇 중생을 교화하는 이이니, 세속을 떠난 높고 깊은 수행으로 세속의 중생을 도와 이롭게 하고, 육바라밀로 삶의 도리를 삼습니다. 그럼 무엇을 육바라밀이라고 하는 걸까요?

첫째, 보시행布施行을 닦는 것입니다. 자신의 인색함과 탐욕을 없앨 뿐 아니라 사람들에게 은혜와 이익을 받게 하는 것입니다.

둘째, 지계행持戒行을 닦는 것입니다. 자기 자신이 계를 범하지 않을 뿐 아니라 남에게도 계를 범하지 않도록 하는 것입니다.

셋째, 인욕행忍辱行을 닦는 것입니다. 자신이 노하거나 성내지 않을 뿐 아니라 남을 성내게 하지 않는 것입니다.

넷째, 정진행精進行을 닦는 것입니다. 자신이 게으름을 피우지 않을 뿐더러, 게으름을 피우지 않도록 다른 사람을 깨우치는 것입니다.

다섯째, 선정행禪定行을 닦는 것입니다. 자기 자신이 번뇌로 인하여 정신을 어지럽게 하지 않을 뿐 아니라, 다른 사람에게도 그렇게 하지 않도록 깨우치는 것입니다.

여섯째, 지혜행智慧行을 닦는 것입니다. 자기 자신이 어리석고 인과의 도리를 부정하는 망견妄見을 갖지 않도록 할 뿐 아니라, 다른 사람들에게도 그렇게 하도록 깨우치는 것입니다.

한 불자가 일상생활 속에서 육바라밀을 열심히 닦을 수 있다면, 육바라밀로서 자기 생활의 테두리로 하고 다시 육바라밀을 사회 속에 깊이 들여와 널리 사람들을 이롭게 한다면, 육바라밀이 곧 인생 최고의 선행이 됩니다.

육바라밀 가운데서 지계, 선정, 지혜 세 가지를 바로 계정혜 삼학이라 하는데, 이것으로 탐내고 성내며 어리석은 세 가지 독소를 다스릴 수 있으며, 인간의 이기적인 마음을 억제시킬 수 있습니다.

계를 지켜나간다면 자기 한 몸만의 이익을 꾀하지 않고, 자기 한 몸만의 이익을 꾀하지 않으니 곧 탐하는 마음이 생겨나지 않습니다. 선정禪定에 든다면 사람에게 해를 주는 일이 없으며, 해를 끼치지 않으니 노하지 않고 번뇌에 어두워지지 않으니 어리석음에 물들지 않습니다. 탐진치를 없애고 보시바라밀을 행하면 자비심이 자연히 생겨나고, 인욕바라밀을 행하면 굳고 강한 정신이 갖춰지며, 정진바라밀을 행하면 용맹한 힘이 우러나 모든 일에 충실해집니다. 이것이 이른바 자신을 이롭게 하고 남을 이롭게 하는 것이며, 내가 깨닫고 남을 깨닫게 하는 것이니 곧 대승 불법의 기초입니다. 卐

보
살
도
의　실
천

보통 보살을 이야기할 때, 일반적으로 그것이 흙으로 빚어졌거나 나무로 조각된 것이든지, 혹은 종이 위에 그려졌거나 사원 안에 모셔져 있는 보살상을 연상하게 됩니다. 그리하여 사람들은 보살이 으레 비바람을 부르고 돌덩이를 금덩어리로 할 수 있는 무한한 능력이 있으며, 머리는 볼 수 있으나 뒷모습은 안 보이고, 재물을 모으도록 도와주는 신령쯤으로 생각합니다.

깨달은 중생
보살

그러나 보살은 결코 신이 아니고, 하늘 높은 자리에 있는 이도 아니며, 안 보이고 알 수 없는 이도 아닙니다. 보살은 먼 곳에 있지 않고, 보살은 바로 우리 주변에 있습니다. 보살은 맹목적인 우상으로 받들어 모셔지는 것은 더욱 아니며, 진정한 보살은 우리 사이에 있으며, 더욱이 한없이 육도윤회六道輪廻 하는 중생을 건져주려 자비심을 품은 이입니다.

몇 가지 예를 들어보겠습니다. 명나라 말기의 사대四大 고승의 한 분인 지욱(智旭, 1599~1655) 대사는 지계持戒가 뚜렷했으며 불교를 정화하고 종풍의 진작과 진흥에 대해서 큰 공로가 있는 덕행이 높은 스님입니다. 그는 자신을 비구라 하지 않고 보살이라 했습니다.

또 근대의 태허 대사 같은 스님은 불교를 중흥시킬 자비심과 원력을 가지고 있었으나 그는 "비구는 부처가 되지 못한 것이 아니니 나를 보살이라 불러주길 원합니다" 했습니다. 이를 보면 보살은 부르기 쉽고 비구는 부르기 어려운 것을 알 수 있습니다. 또한 몸이 썩지 않기를 발원한 근대의 자항 대사는 입적 후에 과연 그의 육체가 썩지 않았고 모두들 그를 '자항보살'이라고 부릅니다. 이런 예에서 우리는 범인도 보살이 될 수 있음을 알 수 있습니다. 당신이 '위로는 부처님을 구하고 아래로는 중생을 교화하는(上求菩提下化衆生)' 마음을 일으켰다면 당신을 '초발심 보살'이라 할 수 있습니다.

이밖에도 우리는 신앙이 굳고 깊은 여신도를 '보살'이라 부르며, 불문에 갓 들어온 불제자도 '새로 마음을 낸 보살'이라 부릅니다. 심지어 신도들 서로 간에도 '보살'이라고 부릅니다. 보살이란 한 마디는 결코 보살상에만 한한 것이 아니고, 사람의 존칭으로 쓸 수 있음을 알 수 있으며, 바로 마음이 깨달음의 길로 행하여 나가는 사람은 모두 보살이라 칭할 수 있다고 말할 수 있습니다.

태허 대사가 말한 '사람이 되는 것이 곧 부처가 되는 것이다'의 뜻은 덕행이 원만한 한 사람이 부처가 되려면, 먼저 사람이 되는 것부터라는 것입니다. 세간의 불교도 곧 보살의 불교라 말할 수 있으며 사람들마다 마음을 낸다면 사람들 모두 보살이 될 수 있는 것은 맹자가 말한 "순舜임금은 누구며, 나는 누구인가! 내가 그와 같이 뜻을 두고 행한다면 나도 그와 같이 될 수 있다"는 도리와 같은 것입니다.

물론 보살은 등급이 있어 이른바 십신十信, 십주十住, 십행十行, 십회향十廻向, 십지十地 등 오십五十 등급이 있고, 그 위는 등각等覺으로 관음보살이나 문수보살 등이 그에 속합니다. 마치 학생을 구별하는데도, 초등학생, 중고등학생, 대학생 등이 있어 비록 같은 학생이지만 불리는 정도는 다르듯이 보살의 등위 역시 다른 것입니다. 우리가 지금 바라는 것은 수준 높은 보살이 되고자 하는 것입니다.

종교이면서
철학, 불교

그런데 사람들이 불교는 종교이면서 철학이라고 말하는 것은 무슨 이치일까요? 불교는 삼장 십이부의 대단히 많은 경전이 있어서 심오한 교리를 담고 있으며 또한 우주와 인생의 현상에 대한 독특하고 깊은 이해의 가르침이 있습니다. 단지 신앙할 수만 있고 의구심을 갖는 것이 허용되지 않는 여타의 종교와는 다릅니다. 그러기에 이러한 면을 보고 철학이라 말합니다. 그러나 불교가 비록 철학과 마찬가지로 엄밀한 논리 구조를 갖추었지만, 형이상학적인 것에 대해서 탐구하는 것뿐만 아니고 윤리도덕의 실천을 특히 중시하므로 종교라 하는 것입니다. 부처님 자신이 바로 실천도덕을 아주 중히 여기는 뚜렷한 예입니다. 그렇기 때문에 깨달은 후에 "모든 악을 짓지 말고 모든 선을 받들어 행하라. 스스로 그 뜻을 맑게 하는 것이 모든 부처님의 가르침이다"라고 한 불법의 요체를 다시 한 번 강조하고, 중생이 도덕을 실천하는 것으로부터 자기를 깨끗이 하기를 희망했습니다. 그래서 누군가 실천은 없이 형이상학적인 문제를 제기하면 대답하지 않고 묵묵히 있었습니다. 그 예로 유명한 십사무기十四無記가 있습니다. 왜냐하면 학문상으로 하는 사고 분별에 관한 문제는 단지 문자의 장난으로 번뇌의 해탈에 아무런 도움이 되지 않고 실제의 삶에 무익한 것이기 때문입니다.

부처님은 실천을 아주 중시하며, 불교는 자기 실천을 중시하는 종교이고 또 윤리성이 강한 철학이기도 함을 알 수 있습니다. 한 걸음 더 나아가 말한다면 대승보살도의 실천이 바로 부처님 근본 정신의 실천입니다.

중생을
이익되게 하는 일

그러면 대승보살도는 어떻게 실천해야 마땅한가 하는 의문이 듭니다. 저는 이것이 우리가 배움을 구하는 것과 마찬가지로 점차적으로 조금씩 나아가는 것이라 생각합니다. 앞에서 말한 바 있는 보살 학교는 유치원에서부터 초등학교, 중학교, 고등학교, 대학교로, 심지어 대학원으로 이어집니다. 곧 보살도의 수행은 바로 이렇듯 번뇌의 범부에서 사쌍팔배四雙八輩의 아라한으로, 번뇌의 잔기운까지도 끊어버린 등각보살로, 공덕원만한 부처의 경지에 이르기까지 모두 일정한 차례가 있는 것입니다.

보살의 경계도 실천하는 바의 깊고 얕은 차이가 있으니 곧 등지登地보살, 그리고 환희지歡喜地, 이구지離垢地, 발광지發光地, 염혜지焰慧地, 난승지難勝地, 현전지現前地, 원행지遠行地, 부동지不動地, 선혜지善慧地, 법운지法雲地 등 십지의 분별이 있습니다. 더욱이 초지初地에 들어선 환희지 보살을 지상地上보살이라 하고 초지의 전에 있는 것을 지전地前보살이라 합니다. 지전보살은 삼십칠도품을 실천하여야만 범부를 벗어나 성인을 따를 수 있습니다.

삼십칠도품은 삼십칠보리분법三十七菩提分法이라 하기도 하는데, 이것은 또한 바로 사념처四念處, 사정근四正勤, 사신족四神足, 오근五根, 오력五力, 칠각지七覺支, 팔정도八正道 등입니다. 악행을 치료하여 선법을 기르고 무명을 끊어 없앤 법신法身을 장엄하여 깨달음을 얻는 데 힘이 되는 보살도 수행의 중요한 방법입니다.

이 삼십칠도품은 바로 원시불교 이래로 줄곧 중시되어온 수행 덕목인데, 설사 십지에 이른 보살이라도 역시 게으름없이 부지런히 닦아 나가야 합니다. 이런 것 외에도 보살은 사섭법四攝法을 닦아 지녀야 하는데, 곧 보시, 애어, 이행, 동사 네 가지입니다. 그중에서 보시를 또 재보시, 법보시, 무외보시 세 가지로 나눕니다.

보시를 행할 때 주는 자와 받는 자와 주는 물건까지 공해야 한다는 것을 기억해야 합니다. 곧 자기를 베풀 수 있는 자라 생각하지 않아 아집을 없애고, 상대를 내 은혜를 받는 자라 생각하지 않아 차별하는 마음을 없애며, 마음에 두지 않으니 보답을 바라지 않고, 많고 적음을 따지지 않으며, 집착하는 마음을 뿌리 뽑아야만 진정한 보시입니다.

애어는 자비로운 마음에서 흘러나오는 온화하고 친절한 말로 《법화경》 가운데 "자비로운 마음으로 중생을 갓난아기와 같이 돌본다"고 용녀龍女를 찬탄한 적이 있듯이 애어는 마치 자비로운 어머니의 따스하고 부드러운 자애의 말과 같아 흉폭한 것을 부드럽고 좋은 것으로 바꿀 수 있고 다툼을 그치게 할 수 있습니다. 보살이 "입에 성냄이 없으면 묘한 향기가 나온다"는 경계를 이룰 수 있다면 바로 애어의 경계입니다.

그리고 이행에 대해 말한다면 이행은 중생에게 이익되는 행위로 이는 대승보살도에서 빠져서는 안 되는 덕목으로 보시, 애어 두 가지 모두가 이행의 실천을 달성키 위한 힘입니다. 중생에게 이익이 되는 행위라면 아무리 작은 일이더라도 변함없이 해나가야 합니다.

중국 삼국시대의 유비劉備가 임종 시에 "악이 작더라도 행하면 안 되고 선이 작더라도 꼭 행하라"는 유언을 남겼고, 부처님도 눈이 먼 제자 아니룻다(Aniruddha, 阿那律) 존자를 위하여 바늘을 꿰어 옷을 기웠는데 이것으로 보아 우리는 작은 선을 쌓지 않으면 큰 덕을 성취할 방법이 없고 설사 공덕이 이미 원만한 부처도 작은 선을 내버리지 않았음을 알아야 합니다. 작은 선이라도 가벼이 여길 수 없고 더욱이 남을 이롭게 하는 큰 덕행은 더욱 말할 필요도 없습니다.

동사라 함은 바로 상대의 입장에 서서 상대를 위해 생각하는, 몸을 통해 교화하는 방편을 가리키는 것입니다. 예를 들어 관세음보살이 삼십이응신으로 중생의 근기에 따라 가르치는데, 탐욕하는 마음이 심한 사람은 부정관不淨觀을 행하도록 가르치고, 성내는 마음이 강한 사람은 곧 자비관慈悲觀을 닦도록 인도하며, 농부에게는 농사 이야기를 하고, 부녀자에게는 가사 이야기를 하는 것입니다. 이것은 공자의 능력에 따라 가르치는 교학 정신과도 서로 통합니다. 요컨대 이 네 가지 중생을 거두는 방법은 보살도를 실천하는 데 있어 필수적인 과목입니다.

보살도를
실천하는 길

보살도를 실천하는 길에 있어서 가장 중요한 것은 육바라밀과 십바라밀입니다. 육바라밀은 또한 육도六度라 하여 중생을 제도하여 열반인 피안에 이르게 하는 여섯 가지 방법입니다. 그중의 보시, 지계 인욕은 남을 이롭게 하는 복덕의 양식이고, 정진, 선정, 반야 세 가지는 자기를 이롭게 하는 양식입니다.

육도를 실천하면 복덕과 지혜를 같이 닦을 수 있고 모든 법의 오묘한 진리를 훤히 꿰뚫어 알 수 있습니다. 보시에 관해서는 앞에서 대략 말한 적이 있는데 여기서 강조하려는 것은 보살이 중생에게 재財, 법法, 무외無畏의 보시바라밀을 베풀 때 노자老子의 《도덕경》에서 말하는 '공을 이루어도 거기에 머물지 않는' 무한한 정신으로 극치에 이르도록 발휘하여야 합니다.

노자가 말한 남을 위하는 만큼 자신이 받게 되고, 남에게 주는 만큼 자신에게 많아진다는 경계와 서로 같은 것입니다. 보시를 하면 결국에는 도리어 자기가 갖고 있는 것이 더 많아지는 것을 느끼게 되고 거기에 머무르지 않음으로 떠나지 않게 되는 것입니다.

지계에는 악업을 씻을 수 있고 악업을 그치게 하는 섭률의계攝律儀戒, 선을 행하는 섭선법계攝善法戒, 남을 이롭게 하는 요익유정계饒益有情戒 등 삼취정계三聚淨戒가 있습니다. 지계바라밀은 마음속의 생각을 가장 중요하게 여깁니다.

가령 밖으로는 법에 맞게 계를 지키면서 안으로는 속마음이 불량한, 곧 밝은 데서는 받들고 어두운 데서는 어기는 것을 지계라 할 수 없습니다. 또한 밖으로 방편을 행하고 안으로는 계를 지키는 것은 파계라 할 수는 없습니다. 예로써 육조혜능을 들 수 있습니다. 그가 산속에 숨어 사냥꾼과 같이 살 때 먹은 것은 고깃국에 끓인 채소이나 그의 수행에는 지장이 없었습니다. 따라서 지계는 반드시 안과 밖이 하나여야 하며 그래야만 어떠한 곤경에 부딪히더라도 전혀 흔들림이 없습니다.

처음으로 계를 지키는 사람은 때때로 행동이 계율에 저촉되는 것을 느끼는데 오래 쌓아 습관이 되면 마음을 어떻게 내더라도 계율에 벗어나지 않습니다. 이때에는 이미 지계의 최고 경계에 이른 것입니다.

그리고 인욕바라밀은 왈칵 성내는 마음을 누그러뜨려 몸과 마음을 안주시키는 방법입니다. 인욕을 행하면 흉악함을 부드럽고 좋은 일로 바꿀 수 있으며,《아함경》가운데 이러한 이야기가 적지 않게 있습니다.

역사적으로 잘 알려진 한신韓信은 가랑이 사이로 기어나가는 인욕을 겪었습니다. 이 인욕은 그를 일대의 명장으로 성공케 자극했습니다. 또한 월나라 임금 구천勾踐 같은 사람은 나라를 다시 이루기 위하여 와신상담臥薪嘗膽 했습니다. 오나라 임금 부차夫差의 신임을 얻기 위하여 똥을 맛보는, 남들이 참아내지 못하는 욕을 참아내었으니 그가 다시 나라를 되찾은 것도 무리가 아닙니다. 그러므로 인욕의 힘은 크며 가벼이 여길 수 없음을 알 수 있습니다.

보살이 보시, 지계, 인욕의 세 가지 바라밀을 실천한 후에도 끊임없이 정진하고 물러나는 마음이 생기지 않아야 선정禪定으로 들어갈 수 있습니다. 더욱이 반야바라밀은 꿰뚫어 깨닫고 얻으니 이때 위없는 보리를 이루려 한다면 아주 쉬운 것입니다.

굳게 참아
나를 버리는 정신
보살의 원력

또한 십바라밀이라 하는 것은 바로 앞에서 얘기한 십지수행을 말한 것으로, 바로 보시, 지계, 인욕, 정진, 선정, 지혜, 방편方便, 원願, 력力, 지智 등의 열 가지를 가리킵니다.

방편은 보살이 위로는 깨달음을 구하고 아래로는 중생을 제도할 때의 갖가지 일시적인 방법입니다. 원願은 보살이 불도를 구할 때에 세운 본원本願을 가리킵니다.

예컨대 보현보살의 십대원, 약사여래의 십이대원, 관세음보살의 십팔대원, 법장비구法藏比丘의 사십팔대원이 있고, 이밖에도 또한 '가없는 중생을 다 건지고, 끊임없는 번뇌를 다 끊으며, 한없는 법문을 다 배우고, 위없는 불도를 다 이루겠다'는 사홍서원四弘誓願은 보살의 공동 원행願行입니다. 서원은 보살로 하여금 힘과 지혜로 충만케 하여 보살도를 실천케 합니다.

보살이 삼아승기겁을 통하여 삼십칠도품, 사섭법, 육바라밀을 닦아 지니고 또한 십바라밀을 실천하여 점차적으로 범부를 벗어나 성인의 경지에 들며 처음 발심한 보살로부터 발심이 오랜 보살에 이르고, 물러남이 없는 보살에 이릅니다.

오직 한 번만 생사生死에 관련되고 일생을 마친 다음에는 부처가 될 수 있는 보살인 일생보처一生補處 보살은 더욱이 백 겁을 삼십이상과 팔십종호로 장엄하고, 삼아승기겁의 복덕과 지혜로 원만하며, 마침내 완전한 부처님의 지위에 오릅니다.

따라서 보살도의 완성은 실로 한 번에 이루는 것이 아닙니다. 반드시 순서를 따라 점차 나아가는 것이고, 더욱이 안과 밖이 하나로 오랜 세월을 거쳐 그치지 않고 닦아 지녀야만 한 계단 한 계단씩 올라갈 수 있으며, 그 기간의 매 한 계단의 완성 모두가 영원한 희열이 되는 것입니다.

여기서 이야기한 것은 보살의 수행과 실천에 대한 예도 있고, 추상적 도리도 있는데 대부분이 간단하고 분명해 누구나 쉽게 이해하고 기꺼이 실천토록 하기 위한 것입니다.

보살이 되는 것은 어렵다 하지만 어려운 것이 아니고, 쉽다고 말해도 그리 쉬운 것도 아님을 알아야 합니다. 그중에서 한 가지 분명하게 말할 수 있는 것은 바로 보살도 보통 사람이 하는 것이라는 점입니다.

다만 우리가 자비의 성정을 차츰차츰 기를 수 있고, 보리심을 내어 굳게 참아 나를 버리는 보살의 정신을 배우고, 육바라밀을 닦아나가며 보살이 되겠다는 이러한 원력이 있으면, 당신이 바로 보살인 것입니다. 왜냐하면 보살도를 실천해나갈 수 있는 사람은 바로 보살이기 때문입니다.

'오, 내 자식! 아, 내 재산!'하며
어리석은 사람들 못내 집착하지만
깨어서 보라
이 내 몸도 정녕 내 것이 아니거늘
누가 내 자식이며 무엇이 내 재산인가

제6장

불교의 재산관

불
교
의
재
산
관

재산은 사람마다 모두 갖고 싶어하는 것이나, 재산이 모든 사람에게 똑같이 가장 좋은 것만은 결코 아닙니다. 경전에는 다음과 같은 우화가 있습니다.

어느 날 법관이 법원에서 집무를 보고 있는데 개 한 마리가 와서 고발을 했습니다. 개가 무엇 때문에 고발을 하는가 법관이 이상하게 여겨 물었습니다. 그랬더니 개가 이렇게 호소했습니다. "법관 어른! 제가 먼 길을 걷고 배가 고파서 어느 집의 문앞에 왔을 때, 그 집사람에게 먹을 것을 얻을 생각으로 개의 예절규범을 지켜 먹을 것을 원했는데, 그 사람이 먹을 것을 주지도 않고 도리어 저를 때렸습니다." 법관은 '아니 개가 먹을 것을 얻는데 규칙이 있을 게 있나?' 싶어서 다시 물었습니다.

"어디 말해봐라. 개가 무슨 규칙이 있지?"

"우리 개들이 사람들에게 먹을 것을 원할 때 일정한 규칙이 있는데, 앞발을 뻗어 집 문 안에 설 수 있으나 뒤의 두 발과 꼬리는 반드시 문 밖에 있어야 하며 문 안으로 들어서면 안 됩니다. 저는 이러한 개의 규칙으로 밥을 달란 것인데 그 사람들은 무엇 때문에 저를 때리나요?"

법관이 개의 말을 다 듣고 나서 말했습니다.

"그 사람을 찾아오너라. 이 일의 정황을 물어야겠다."

개를 때린 사람은 곧 불려왔고 법관이 묻자 사실대로 자백했습니다. 법관이 개에게 다시 물었습니다.

"너는 어떤 방법으로 너를 때린 사람을 처벌하길 원하느냐?"

"법관 어른이 그를 큰 부자가 되도록 벌하여 주시기 바랍니다."

이 말을 들은 법관은 큰 소리로 웃으며 물었습니다.

"네가 나더러 그를 큰 부자가 되도록 처벌하라니, 그건 도리어 그에게 유리한 것이 아니냐?"

그러자 개가 정색을 하며 말했습니다.

"법관 어른께 말씀드립니다. 개로 태어난 저는 전생에 큰 부자였습니다. 어질지 않고, 어리석고 탐욕하고 흉악하여 남에게 기꺼이 주기를 꺼려했습지요. 죽고 나서는 축생도畜生道 가운데로 떨어져 개로 태어나 갖가지 고난을 받고, 사람이 먹고 난 밥을 먹고 집을 지키며 사람들에게 얻어맞고 채이니 굉장히 고통스럽습니다. 그래서 제가 법관 어른께 그 사람도 앞으로 큰 부자가 되는 벌을 내려주십사 요구하는 것입니다."

재산이 많다 하면 누구나 좋아하는 것이지만 재물이 많다는 것이 일부 어질지 못한 사람에게는 오히려 나쁜 일이 되는 것입니다. 눈을 크게 뜨고 오늘의 사회를 보면 많은 '부유한 가난뱅이'가 눈에 띕니다. 반면에 적은 수이지만 '가난한 부자'도 있습니다. 부자면 부자이지 무엇 때문에 그를 가난하다고 할까요?

가장 부유한
가난뱅이

아주 많은 재산을 갖고 있는 사람이 있는 돈을 쓸 줄 모르고 쓰지도 않으며, 심지어 안 좋은 곳에다 쓰려 한다면 비록 돈이 있지만 가난뱅이와 다를 것이 무엇이겠습니까? 《선생경善生經》에 보면 시갈로와다(Sigalovada, 尸迦羅越) 장자가 어느 날 세상에서 가장 희귀하고 값진 멀구슬나무로 만든 금빛의 상자를 얻자 사람들에게 선포했습니다.

"이 값지고 귀한 물건을 세상에서 가장 가난한 사람에게 선사하겠소."

많은 가난한 사람이 그에게 금빛 상자를 달라고 찾아왔지만 시갈로와다 장자는 이 사람 저 사람이 와서 달라 해도 "당신은 세상에서 가장 가난한 사람이 아니오" 하면서 거절했습니다. 모두가 이상하게 생각하며 물었습니다.

"장자께서는 진심으로 이 상자를 남에게 줄 마음이 없는 게 아닙니까?"

그랬더니 시갈로와다 장자가 이렇게 대답했습니다.

"나는 이 금색 상자를 세상에서 가장 가난한 이에게 선물하려 하는데, 누가 가장 가난한 사람인가 여러분께 말씀드리겠습니다. 그는 바로 우리의 국왕 파세나디 왕으로 그야말로 세상에서 가장 가난한 사람입니다."

이 이야기를 전해 들은 파세나디 왕은 불쾌하기 짝이 없었습니다. '흥! 일국의 군주인 나를 세상에서 가장 가난한 사람이라고?' 왕은 당장 시갈로와다 장자를 불러들이라고 명령했습니다.

시갈로와다 장자가 궁으로 들어오자 왕은 갖가지 보물을 거둬 둔 창고로 그를 데려가 물었습니다.

"여기가 어떤 곳인지 아시오?"

시갈로와다 장자가 답했습니다.

"여기는 보물을 쌓아놓은 금고입니다."

대답이 떨어지자마자 파세나디 왕이 큰소리로 시갈로와다 장자를 꾸짖었습니다.

"내게 이렇게 많은 재물이 있는 것을 알고 있으면서 어찌 나를 세상에서 가장 가난한 사람이라고 헛소문을 퍼트리는 것이오?"

시갈로와다 장자가 왜 그런 말을 했을까요? 파세나디 왕이 비록 돈과 재물이 많으나 그것으로 백성들을 돌볼 줄 모르고, 국민복리에 대해 신경 써 일하지 않으니 이것이 돈이 있어도 쓸 줄을 모른다는 뜻입니다. 우리는 시갈로와다 장자가 바로 이런 의미에서 왕이 세상에서 가장 가난하다고 말한 뜻을 알아야 합니다.

가장 가난한
부자

세상에는 '부유하면서도 가난한 사람'이 많이 있고 또한 '가난하면서 부유한 사람'도 꽤 있습니다. 고대의 철학자 소크라테스 Socrates 같은 사람은 임종 전에 그의 제자가 물었습니다.

"선생님! 또 무슨 유언이 없습니까?"

소크라테스는 갑자기 생각이 난 듯 말했습니다.

"아! 닭 한 마리를 꾸어서 아직 갚지 않았군."

대철학자인 소크라테스가 죽음에 다다랐는데 닭 한 마리 갚을 힘이 없습니다. 그렇다고 그가 진정한 가난뱅이입니까? 소크라테스의 지혜는 몇 천 년 이래로 여전히 이 세상 사람들에게 영향을 주고 있으니, 이와 같은 사람은 가난한 가운데 가장 부유한 사람이라 말할 수 있습니다.

불교계 인물 중에 홍일 대사는 수건 한 장을 십 년이 넘게 썼다고 합니다. 어느 날 그의 친구 샤미엔준(夏丙尊) 선생이 보다 못해서 "내가 새 수건 한 장 사주겠소" 하니 홍일 대사는 "그럴 필요 없소, 이거 아직 쓰기 좋소" 했다고 합니다. 홍일 대사가 가난한 사람일까요? 아닙니다. 비교할 만한 자가 없을 정도로 부유한 사람입니다. 다만 대사의 부유함은 정신에 있는 것일 뿐입니다.

공자의 제자 안회를 봅시다. 그는 빈민가에 살면서 한 그릇의 밥과 한 바가지의 물을 마시고 살았습니다.

사람들은 그 고생을 견디지 못하지만 안회는 그 즐거움을 바꾸지 않았다 했습니다. 여러분도 그를 가난하다 여기십니까? 그는 아주 부유한 사람입니다.

부처님의 제자 마하카사파 존자도 멋있고 편안하게 꾸민 정사精舍에 살지 않고 무덤 구덩이, 산림 속의 물가에서 갖가지 수행을 했는데 그가 풍부한 생활을 해낼 능력이 없어서였겠습니까? 아닙니다. 그의 정신적인 부유함은 허위적인 물질로 누리는 것이 이미 필요 없기 때문입니다.

숙세의 인연과
현세의 인연

재산에 관한 이야기를 하면 여러 방면에서 할 수 있습니다. 숙세의 인연은 모두가 공통으로 갖는 것이고, 목전의 생활인 현세의 인연은 분별이 있습니다. 예로써 우리가 과거에 지은 업은 공동적인 것이어서 같은 시대에 태어나 같은 땅에 살아갑니다. 이는 우리 공동의 업으로 우리의 숙세의 인연인 공동의 재산입니다.

다만 우리가 현재 이 세상에서 생활하면서 현세의 연으로 말미암아 각 개인의 생활에서는 분별이 있게 됩니다. 이 세상에서 당신이 살고 있는 곳은 아파트이고, 제가 사는 곳은 오두막인 것이 서로 다릅니다.

재산은 소유에 따른 분별이 있으나 어떤 경우에는 공통으로 쓸 수도 있습니다. 그 예로 비가 오고 바람이 몰아칠 때 비를 잠깐 피하고자 어느 건물 입구에 잠시 서 있을 수 있습니다. 그 건물은 내 소유가 아니지만 잠깐 이용하는 것은 괜찮을 겁니다. 정원에 심어진 나무와 꽃과 풀이 비록 내가 재배한 것은 아니지만 지나가며 보기도 하고 냄새도 맡아보고 '아! 푸르구나' 생각하는 것은 괜찮은 일입니다. 누군가 텔레비전을 보고 있을 때 그것이 내 것은 아니지만 옆에서 같이 좀 보는 것은 괜찮겠지요. 이렇듯 세간의 많은 재산이 비록 모두 남의 것이라도 우리도 공동으로 누릴 수는 있는 경우가 많습니다.

농부가 농사를 지어 거둬들이는 수확은 물론 우리 생활에 필요한 식량을 공급하는 것이지만 참새가 가서 조금 먹는다고 크게 걱정할 문제는 아닙니다. 비록 참새를 먹이려고 농사를 짓는 것은 아니지만 결과적으로 참새도 조금이나마 먹는 것입니다.

이렇듯 이 세상의 모든 것들은 소유는 개별적이나 어떤 때에는 공통으로 쓸 수 있습니다. 세상의 갖가지 물건이 모두 다 소유권이 있어야만 하는 것은 아니며, 단지 우리가 함께 누릴 수만 있다면 그것으로도 아주 행복한 일입니다.

돈을 쓰는 것과
모아 두는 것

전에 어떤 사람이 많은 양의 황금 덩어리를 모았는데 마당 구석에 묻고 묻은 지 삼십 년이 지나도록 한 번도 쓰지 않고 가끔 가다 들여다보면서 기뻐했답니다. 그런데 어느 날 땅 속에 묻어 두었던 금덩이를 모두 도둑맞고 말았습니다. 그 사람은 너무 상심한 나머지 반죽음이 되어 몸져 눕고 말았습니다. 옆에 있던 사람이 그 사람에게 물었습니다. "몇 십 년을 지내면서 묻어온 금덩어리를 써 본 적이 있소?"

"없소!" 그 사람은 소리쳤습니다.

"사용한 적이 없다면야 그리 상심할 필요도 없겠소. 내가 벽돌 몇 장을 가져가 종이에 싸서 같은 장소에 묻어놓을 테니, 그것을 그전 그대로 금덩어리가 묻힌 거로 생각하고 자주 가서 보면 마찬가지 아니겠소?"

이렇듯 세간에 있는 모든 돈은 우리의 것이 아닙니다. 경전에서는 돈을 왕, 도둑, 물, 불, 자식 등 오가五家의 공유라고 말합니다. 돈은 쓰려 해야만 자기의 것입니다. 거둬서 모으기만 하면 수전노가 되어 결국 돈을 제대로 사용하지 못하게 됩니다.

복을 받음과 현세의 인연

사람들은 누가 돈이 많다 하면 '복이 많다'고 말합니다. 그러나 복만 있는 것은 그리 의지할 것이 못됩니다. 물론 복이 많으면 요긴하긴 하지만 그래도 역시 현세 인연이 있어야 하니 이 현세의 인연이야말로 가장 요긴한 것입니다. 은행에 얼마나 예금되어 있든 간에 계속 저축해나가지 않으면 언젠가는 다 쓰고 없어지는 날이 옵니다. 그래서 경전에는 현세 인연의 중요함을 설명하는 아주 좋은 비유가 있습니다.

어떤 남자가 선조가 물려준 재산도 많아 먹기 좋아하고 꼼짝하기 싫어하는 습관이 있었습니다. 밥 먹는 것조차 귀찮아 부인이 먹여줘야만 했습니다. 어느 날 부인이 친정집에 다녀올 일이 생겼습니다. 일주일 후에나 돌아올 수 있어 부인은 밥조차 못 찾아 먹는 남편이 걱정되어 떡을 큰 덩어리로 만들어 남편 목에 걸어주었습니다. 배가 고플 때 단지 입만 벌리면 먹을 수 있도록 한 것입니다. 이렇게 해놓으면 일주일 후에 돌아오더라도 굶어 죽지는 않겠지 하고 부인은 친정집에 갔습니다. 그러나 일주일 뒤에 집에 돌아와 보니 남편이 죽어 있는 것입니다.

어째서일까요? 부인이 없던 첫날, 남편은 자기 입 앞쪽 부분에 있는 떡을 먹어치웠습니다. 그래서 다시 먹으려면 반드시 손을 써서 덩어리를 좀 돌려줘야만 나머지를 먹을 수 있었습니다. 그런데 손을 쓰는 것이 귀찮은 나머지 그냥 그렇게 굶어 죽은 것입니다.

복이 있어도 이렇게 세연世緣이 모자라면 역시 그 복을 누리지 못합니다. 🔖

비합법적인 재산

〔불법의 법〕 불교는 재산의 축적을 장려하지만, 비합법적인 재산을 용인하지 않습니다. 비합법적인 재산이라면 국법에서 승인을 한다 해도 불법佛法에서 안 된다 하는 것을 말합니다. 도박장, 술집, 도살장, 고기잡이, 사냥 등이 있습니다.

국법 안에서는 이러한 영업으로 돈을 벌고 재산을 모으는 것을 용인하고 있지만, 자비로 세상을 구제하는 불법의 본뜻에 서서 보면 이것은 어떻든지 안 되는 일입니다. 또 달리 어떠한 재산은 불법에서 된다고 하나 국법에서 안 되는 것도 있습니다. 송나라 영명 연수(永明延壽, 904~975) 선사는 방생하기 위하여 국고의 금전을 모두 가져다 썼는데 비록 방생은 괜찮으나 국가의 재산을 멋대로 쓰는 것은 국법에 어긋나는 것으로 역시 안 되는 일입니다.

비합법이라고 분류하는 돈에는 열 가지 종류가 있는데, 이는 취하면 안 됩니다.

훔치거나 속여서 갖는 것

첫째, 다른 사람의 물건을 훔쳐 갖는 것입니다. 훔친다든지, 혹 주운 물건을 돌려주지 않는 것과 같이, 주인이 있는 물건을 물건 주인의 동의 없이 자기가 취하는 것은 모두 비합법적인 재산입니다.

둘째, 더러운 욕심을 내어 법을 어기는 것입니다. 법을 어기고 탐욕과 비리로써 얻은 것들을 말합니다. 예컨대 밀수, 뇌물, 탈세 등으로 얻은 갖가지 소득이 바로 비합법적인 재산입니다.

셋째, 빚을 갚지 않는 것입니다. 악성적인 폐업이나 곗돈을 챙겨 도망치는 것, 부도수표를 내 수표관리법을 위반하는 경제범죄 등입니다. 신용 없이 채무를 회피하는 이런 일들은 비합법적인 것입니다.

넷째, 남이 맡긴 재물을 중간에서 가로채는 것입니다. 불광산에는 고아원이 있는데 어떤 아이의 아버지가 자신이 너무 나이 들어 아이를 키우기 힘들다면서 우리에게 데려와 키워줄 것을 부탁했습니다. 그는 집도 있고 은행에 저금도 있어서 자신의 친구를 믿고 아이가 크면 재산을 건네줄 것을 위탁했습니다. 그러나 자신의 친구인 아이 아버지가 죽자 그는 자신이 맡아주던 재물을 모두 삼켜버렸습니다. 아이가 성인이 되어 찾아가 자신의 재산을 돌려줄 것을 요구해도 그는 돌려주지 않았습니다. 이런 것이 바로 악질적인 비합법적 재산입니다.

다섯째, 공동의 재산을 속여 갖는 것입니다. 예를 들어 동업으로 장사를 하면 마땅히 벌어들인 이익을 모두의 비율에 따라 나누어야 합니다. 그런데 어떤 사람은 이익의 대부분을 자신이 차지하고 다른 사람들에게는 조금만 나눠줍니다. 또 부모님의 재산은 형제자매가 균등하게 분배받아야 하는데 어떤 사람은 이기심을 내 다른 형제자매의 몫이 작더라도 자기 몫이 조금이라도 더 많기를 바랍니다. 이런 것도 비합법적인 재산입니다.

직무를 이용하거나
권세를 이용하여 취하는 것

여섯째, 직무를 이용하여 재산을 취하는 것입니다. 공공의 물건

을 개인의 명의로 하거나, 자기의 편리를 위하여 공금을 유용하고, 공공의 물건을 자기 것으로 해버리는 일 등입니다. 출장비를 거짓으로 보고하고, 물건을 구입할 때 상인에게 공갈하여 값을 깎아 착복하고 업무비를 사실보다 더 많이 보고하는 등, 이러한 것이 모두 비합법적인 재산입니다.

일곱째, 권세를 이용하여 재물을 취하는 것입니다. 자신의 세력을 믿고 도리에 어긋나게 벌어들인 재산은 모두 비합법적인 재산입니다. 일부 공무원들처럼 사람들이 찾아와 일을 처리하고자 할 때, 일부러 문제거리를 찾아내 트집을 잡아 불편하게 만들고, 돈봉투를 손에 쥐어줘야 그제야 일을 처리해주는 짓들이 세력을 빌어 취하는 비합법적인 일입니다. 겁을 준다든가 공갈, 협박, 사기 등과 같은 것들도 모두 세력을 빙자하여 취하는 행동입니다.

여덟째, 비합법적인 사업으로 재산을 얻는 것입니다. 환각이나 중독성 있는 마약이나 의약품 등을 만드는 불법 지하공장 등 모두가 비합법적인 것입니다.

아홉째, 편취나 투기로 재산을 얻는 것입니다. 남을 속여 재물이나 이익을 빼앗거나 기회를 엿보아 이익을 취하려는 투기에 관한 일단의 이야기를 신문에서 본 적이 있습니다. 재미있는 이야기를 하나 들려드리겠습니다.

투기와 도박
음업으로 얻는 것

천당과 지옥 가운데에는 담을 한 겹 쌓았을 뿐인데, 어느 날 태풍이 불어 이 담이 무너져버렸습니다. 천당의 옥황상제와 지옥의 염라대왕은 담이 무너졌기 때문에 천당에 있는 이들이 지옥으로 들어가버리고, 지옥에 있는 이들이 천당으로 휩쓸려 들어가 소동이 벌어지면 어쩌나 마음이 굉장히 조급했습니다. 그래서 서로가 재빨리 몇몇 대표를 선출해 담을 다시 쌓는 계획을 세우도록 했습니다.

그 결과 천당과 지옥에서 각각 세 명의 대표를 내세웠습니다. 첫 번째 대표는 은행가인데 이 담을 쌓으려면 반드시 재원이 있어야 하기 때문이며, 두 번째 대표는 건축가로 담을 쌓는 것은 하나의 공사이니 그 방면의 전문가에게 짓도록 하기 위한 것이며, 세 번째 대표는 변호사로 담을 쌓고 나서 담의 소유권 문제를 놓고 천당과 지옥이 각 얼마씩 점유하게 되나를 연구하도록 하기 위한 것입니다.

지옥의 염라대왕은 일찍부터 대표 세 명을 내보냈는데 천당의 옥황상제는 오래 지나도록 대표를 보내지 못했습니다. 염라대왕이 기다리다 못해 화가 나서 옥황상제에게 전화를 걸었습니다.

"지금 당장 대표를 내보지 않으면 이 이후에 천당과 지옥이 혼

란해진 탓은 당신이 전적으로 책임져야 하오!"

옥황상제가 굉장히 미안해하며 말했습니다.

"사실대로 말씀드리겠소. 내가 대표를 안 내보내는 것이 아니오. 여기 천당 안을 이리저리 찾아봐도 이 세 종류의 인재가 없어요. 왜냐하면 은행가는 전문으로 사람들의 돈을 깎아먹으니 그들은 천당에 오지 못하며, 건축가는 건축재를 속여 공사한 죄로 천당에 태어나지 못하며, 변호사는 전문으로 이간질을 해서 천하가 어지럽지 않을까 근심하니 그들도 천당에 오지 못하는 것이오."

물론 이것은 하나의 우스갯소리입니다. 은행가, 건축가, 변호사 가운데에도 자선가는 아주 많습니다. 또 다른 업종에서 이들과 같은 종류의 영업 행위가 없다고 할 수는 없습니다. 이러한 일부 편취 행위와 영업으로 얻은 재산은 모두 비합법적인 재산입니다.

열째, 도박과 음업淫業입니다. 도박장, 댄스홀, 성매매업소 등과 같은 이러한 것들도 모두 비합법적인 재산입니다. 🌸

불교적으로 재산 모으는 방법

재산은 누구나 모두 바라는 것입니다. 그러나 군자가 재물을 취할 때는 도리에 맞도록 취해야 합니다.

재산을 모으는 방법 여섯 가지를 설명해드리겠는데 그중에 앞의 세 가지는 일반 세상에서 널리 쓰는 방법이고, 뒤의 세 가지는 불교적인 방법입니다.

일반 세상에서
널리 쓰는 방법

첫째, 부지런히 일하는 것입니다. "황금이 아침 밀물을 따라 흘러오니, 당신도 일찌감치 나서야 그것을 건져낼 수 있다" 했습니다. 재산은 부지런한 사람의 손에 들어가기 마련입니다. 중국에 전해 내려오는 근로에 대한 이야기가 있습니다. 노부모가 죽기 전에 자식들을 불러 집의 포도밭 시렁 밑의 땅 속에 많은 황금을 묻었다고 일러주었습니다. 자식들이 매일매일 포도 시렁 밑에 가서 여기저기 다 파보았지만 황금을 찾지 못했습니다. 다만 그 덕에 포도 덩굴에는 탐스럽고 굵은 포도송이들이 가득 매달렸습니다.

둘째, 절약과 검소한 생활을 하는 것입니다. 단지 금전상의 절약 검소뿐만을 말하는 것이 아니고, 시간을 바로 쓰고 아끼는 것도 포함됩니다. 시간이 바로 재산이기 때문입니다. 감정 역시 마찬가지입니다. 함부로 써버리지 말고 절약해야 하며, 감정을 절약하면 곧 재산을 얻게 됩니다. 생활하면서 느끼는 물욕도 아껴야 합니다. 결국 인생의 복은 유한하기 때문에 은행의 예금과 마찬가지로 조금이라도 남겨두어 뜻하지 않은 때에 닥치는 어려운 일의 처리를 준비하여야 합니다.

셋째, 너그러운 마음을 가지는 것입니다. 말을 너그럽게 하면 재산을 모을 수 있습니다. 사람들에게 너그럽게 처신하면 많은 편리를 얻게 되니 이러한 처세 방법이 바로 재산입니다. 마음을 어질고 두텁게 써서 친구를 넓고 깊게 사귀고, 너그럽게 처세할 때 부귀를 누릴 수 있습니다. 유가에서는 '너그럽게 사람을 대하고, 엄하게 자기를 다스린다' 했는데, 이는 비단 유가의 처세 방법일 뿐 아니라 불교의 재산 모으는 방법이기도 합니다.

불교적으로
재산 모으는 방법

넷째, 신앙을 가지는 것입니다. '신앙심의 문 안에 무진장한 보물창고가 있습니다'라고 말하는데 당신에게 믿음이 있으면 재산은 바로 당신의 마음속에 있습니다. 비단 종교의 신앙에 대해 믿음이 있어야 할 뿐 아니라 사업이나 도덕 모두에 대해서도 믿음을 갖춰야 합니다. 작은 시비에 믿음이 흩어져서는 안 됩니다.

다섯째, 인연을 맺는 것입니다. 인연을 맺는 것은 재산을 모으기 가장 좋은 방법입니다. 내가 당신과 몇 마디 말을 나누는 것도 곧 말의 인연을 맺는 것이고, 사람들과 고개를 끄덕이고 미소하는 것도 사람들과 인연을 맺는 것입니다. 당신이 길을 모르니 내가 데려다주는 것도 당신과 인연을 맺는 것이며, 곤란에 부딪혔을 때 내가 당신을 도와주는 것은 더욱더 좋은 인연을 맺었다 하겠습니다. 가장 중요하고 근본적인 불법은 바로 인연의 존재입니다. 우리가 돈을 벌려 하고 살아나가려면 인연을 맺는 것이 굉장히 중요합니다.

여섯째, 보시하는 삶입니다. 남에게 그렇게 주고서 어떻게 재산을 모을 수 있을지 의아할 수도 있습니다. 그러나 기실 보시는 씨앗을 뿌리는 것과 같습니다. 뿌리지 않는데 어떻게 거둬들일 것이 있겠습니까. 불교에서는 우리가 공덕을 쌓는 것이 마치 씨를 뿌리는 것과 같고 이 복밭 하나를 비전悲田이라 하고, 하나는 경전敬田이라 부릅니다. 자비심으로 가난하고 고통받는 대중을 구제하는 이를 가리켜 비전이라 하고, 웃어른과 부모, 스승과 국가에 충성과 효도를 하는 것을 경전이라 합니다. 이 경전과 비전에 두루 씨앗을 뿌리면 많은 수확이 있게 됩니다.

불교는 칠성재七聖財를 말하기도 하는데, 칠성재는 바로 믿음(信), 계율(戒), 참회(慚), 하심(愧), 경청(聞), 나눔(施), 지혜(慧) 등으로 이는 바로 성인의 재산입니다. 🪷

재산을 어떻게 쓸 것인가

우리가 돈이 있다고 해서 목적을 완전히 달성할 수 있는 것은 아닌 까닭에 자기의 재산을 어떻게 쓸 것인가 하는 문제는 변함없이 중요합니다. 가령 한 달에 100만 원의 수입이 있다고 할 때 재산을 어떻게 처리하면 좋을까요? 《잡아함경》에는 "4분의 1은 생활비로 쓰고, 4분의 2는 사업자본으로 쓰며 나머지는 저축했다가 어려운 일에 부딪혔을 때 쓰라"는 말씀이 있습니다. 이 도리에 맞추어서 재산을 10등분 하여 처리한다면 어떤 식으로 할 것인지 해석해봅시다.

　10분의 4 : 사업을 경영

　10분의 3 : 가정생활

　10분의 2 : 저축하여 유사시에 사용

　10분의 1 : 복을 짓고 공덕을 쌓는 데 사용

《대보적경大寶積經》에는 파세나디 왕의 예를 들고 있는데 왕의 재산은 생활을 위한 부분을 따로 생각할 필요가 없으니 다음과 같습니다.

　3분의 1 : 종교를 공양

　3분의 1 : 가난을 구제

　3분의 1 : 국가에 헌납하여 국가자원으로 함

《대반열반경大般涅槃經》에는 재산에 관한 처리 방법을 생활에서 필요로 하는 것 이외에 4등분으로 나눈다고 했습니다.

　4분의 1 : 부모와 처자를 부양

　4분의 1 : 고용인, 아랫사람 등을 도움

　4분의 1 : 친척이나 친구들에게 박하지 않게 함

　4분의 1 : 국가에 세금을 내고 스님을 공경함

　여러분도 자신의 재산에 대한 자신의 처리 방법을 생각해보아야 하겠습니다. 🖋

불교에서 장려하는 재산

앞서 말하였지만, 불교에서 장려하는 재산은 어떠한 것일까요?

첫째, 신체의 건강입니다. 건강한 신체는 우리의 재산입니다. 몽창夢窓 국사가 "분수를 지키어 만족하는 것이 가장 큰 부이고, 병이 없는 것이 첫째가는 귀함이며, 좋은 벗이 가장 가깝고, 열반이 가장 즐거운 것"이라고 했습니다. 속담에도 "푸른 산이 있으면 땔나무를 걱정하지 않는다" 했습니다. 그러므로 건강한 신체는 불교에서 장려하는 재산입니다.

둘째, 생활이 뜻과 같아야 합니다. 재물이 많지만, 번뇌가 많고 생활이 뜻과 같지 못하면 그것은 진정한 부유라 할 수 없습니다. 큰 부자이거나 크게 귀하다 할 수는 없더라도 생활하는 것이 마음에 원하는 대로 잘 풀려나간다면 그도 아주 뜻있는 삶이라 할 수 있습니다. 그러면 어떻게 생각해야만 뜻대로 잘 풀려나갈 수 있을까요?

은혜를 감사히 여기고 분수를 지키어 만족할 줄 아는 것이 가장 좋은 방법입니다.

셋째, 앞날이 순조로운 것입니다. 굴곡 있고 평탄치 못한 운명 속에서 분투하는 것도 물론 뜻있고 힘 있는 것이지만 앞날이 순탄한 인생보다 더욱 많은 의의 있는 일을 해낼 수는 없습니다. 앞날이 순탄하려면 인간관계의 좋은 인연을 심으며 좋은 결과를 얻는 것에 주의하지 않을 수 없습니다. 어떤 사람에게 좋은 인과가 있어 앞날이 뜻대로 순조로우면 그것이 곧 가장 큰 재산입니다.

넷째, 가정의 평안입니다. 재산이 많은 것보다는 마음이 평안한 것이 좋습니다. 우리가 매년 불광산에서 평안등회平安燈會를 거행하고 있는데 아주 아름답고, 또한 많은 사람으로 붐벼 사람들 모두가 평안함을 좋아한다는 사실을 알 수 있습니다.

다섯째, 합법적인 돈을 모으는 것입니다. 황금은 독사이기도 하지만 불법을 널리 펴고 생활을 이롭게 하는 데 쓰이며 수행의 길을 닦는 양식이기도 합니다. 합법적인 돈으로 사람에게 복되고 이롭도록 쓴다면 재산은 많으면 많을수록 좋다고 할 수 있습니다.

여섯째, 마음속의 에너지를 가지는 것입니다. 불교에서 가장 좋고 실용적이라 여기는 재산은 마음속의 에너지입니다. 땅 속의 석유와 석탄을 일반적으로 모두 에너지라고 말하며 바다 밑의 석유와 매장된 광물도 에너지며, 공기 속의 태양열도 에너지인데, 기실 진정으로 보배스런 에너지는 우리 마음속의 에너지입니다.

옛과 오늘, 안과 밖을 막론하고 불교계의 많은 수행자들이 그처럼 가진 것이 하나 없어도 변함없이 궁하다 여기지 않는 것은 그들의 마음속 에너지의 부귀함을 즐기고 있기 때문입니다. 🏵

불
교
최 最
구 究
경 竟
의
재
산

꒯꒙꒰꒱꒲ 마지막으로 소개해드릴 가장 구경究竟의 재산은 반
야般若입니다. 돈이 아무리 많더라도 다 써버리게 되는 날이 있기
마련입니다.

그러나 중국 속담에 '만금의 재산도 몸에 익힌 한 가지 재주만
못하다'라고 말했듯이 한 가지 기술을 배워서 쓸 줄 안다면 어떠
한 재산을 갖고 있는 것보다도 좋습니다. 가령 반야지혜를 갖고 있
다면 그것은 돈이나 기능보다 더욱 높고 좋습니다.

《금강경》에 "만약 어떤 사람이 사구게四句偈를 읽고 외운다면 그 공덕은 삼천대천세계에 가득한 칠보로 보시하는 것보다 더 낫다"란 말이 있는데 이는 곧 재물보시를 아무리 많이 해도 결국은 유한한 것이고, 법보시를 비록 적게 하여도 효력은 무궁한 것이란 뜻입니다. 사구게의 불법 반야로 그 효력이 삼천대천세계에 가득한 칠보를 보시하는 것보다 더 낫다는 것은 또 무슨 도리일까요?

어떤 사람이 객지에서 장사를 하고 있었습니다. 연말이 되기도 해서 집에 돌아가 명절을 보낼 생각에 서둘러 돌아가던 중 부인에게 줄 선물로 무엇이 좋을까 고민하고 있었습니다. 그러다 길에서 '게어偈語를 팝니다'라고 쓴 팻말을 걸고 앉아 있는 한 늙은 스님을 보게 되었습니다.

"스님, 게어를 판다는 게 뭡니까?"

"당신이 게어를 산다면 원래는 한 수에 황금 스무 냥이지만, 보아하니 당신은 인연이 있는 사람이니 반 잘라서 한 수에 열 냥에 해주겠소."

"예? 게어가 뭐죠? 황금 열 냥이라고요? 뭐가 이렇게 비쌉니까? 좋아요! 게어 한 개 사겠소!"

그러자 노스님이 게어를 일러주었습니다.

앞으로 세 걸음 걸으며 생각하고
뒤로 세 걸음 물러나서 생각하라

성이 날 때 잘 생각하여

노여움의 불을 끄는 것이 가장 좋은 일이다

"당신, 잘 기억하시오. 이후로 분노가 일고 화가 날 때 이 게어를 읽도록 하시오."

게어를 들은 상인은 어처구니가 없어서 볼멘소리를 했습니다.

"바로 이 네 마디 말이 황금 열 냥짜리란 말이오? 말도 안 돼요! 노스님! 사람을 너무 기만하시는 거요!"

그러나 노스님은 하하하 웃고 있으니 이 상인은 뭔가 있는 것 같기도 하고 상대방은 나이 지긋한 스님이기도 하여 더 따지지 않았습니다.

상인이 집에 도착했을 때는 이미 밤이 깊었습니다. 문은 잠그지도 않아서 손으로 밀으니 곧 열렸습니다. 부인을 부를까 했으나 부인은 이미 잠이 들어 있었습니다. 그런데 침대 밑에 신발이 두 켤레가 있는 것이었습니다. 여자 신발 한 켤레, 남자 신발 한 켤레. '이 염치없는 여편네, 내가 집에 없다고 이런 짓을 해.'

상인은 순간 화가 치밀어 바로 부엌으로 가서 칼을 가져와서는 두 남녀를 죽일 생각이 들었습니다. 그런데 막 칼을 들어 올릴 때, 갑자기 그 노스님한테 산 게어 생각이 났습니다. 그래서 그 자리에서 게어를 읽기 시작했습니다.

상인이 앞으로 뒤로 왔다갔다 하는 소리에 부인이 놀라 깨어났습니다. 부인은 침대 앞에 선 남편을 보고 말했습니다.

"어째 이렇게 늦게서야 돌아왔어요?""

상인은 화가 나 다그쳐 물었습니다.

"침대 위에 또 누가 있지?"

"아무도 없어요."

"그럼 이 신발은?"

"아이참! 오늘이 연말 아니오. 당신도 보고 싶고, 화합의 좋은 징조를 나타내기 위해 할 수 없이 당신의 신발이라도 침대 앞에다 갖다 놨죠!"

상인이 부인의 말을 듣고서는 큰소리로 외쳤습니다.

"정말 값어치 있군, 정말 값어치 있어! 바로 황금 백 냥, 천 냥, 만 냥 이상의 가치가 있어!"

지혜는 당신이 냉정하게 일을 처리하도록 해주며 충동하는 것을 막아주어 착오가 생겨나지 않게 합니다. 그러한 점에서 불교의 반야 지혜는 커다란 재산이 아닐 수 없습니다. 반야는 가치를 따질 수 없는 보배로 사람마다 본디 갖고 있는 것입니다. 반야는 영원한 진리이고 그지없이 크고 넓은 자아이며 반야를 깨달으면 바로 무한한 재산을 갖고 있다고 말할 수 있습니다.

반야는 공空으로 해석할 수 있는데, 간단히 말해 허공 속에 삼라만상을 포함한 것으로, 공하지 않으면 있을 수 없으며 공하기 때문에 비로소 있을 수 있는 것입니다. 당신에게 반야가 있는 것은 마치 허공이 만물을 소유한 것과 같습니다.

반야는 마치 허공 만물과 같으며, 이러한 반야 재산이 모두 우리 마음속에 있습니다. 왜냐하면 이 반야가 우리에게 진리를 확신시켜 줄 수 있고 뜻을 알고 도리를 깨닫게 해주며, 우리로 하여금 참나를 인식하게 해주고 우리로 하여금 영원한 생명을 얻도록 해주기 때문입니다. 우리에게 반야가 있는 것이 마치 빛이 있는 것과 같아 태양처럼 밝게 빛나는 가운데서 보는 세상의 모든 것이 모두 우리의 것이 아니겠습니까?

"평소처럼 달은 창밖에 있지만, 매화 한 가지가 있어 운치를 더한다"라고 시에서 노래했듯, 일단 반야가 있기만 하면 당신의 옷 입는 것, 먹는 것, 사업, 재산이 곧 다를 것입니다. 반야는 우리의 자성진여自性眞如이고 우리 자아의 본래면목입니다. 전에 유행하던 〈장미가 곳곳에 피었네〉라는 노래가 생각나는데 고쳐서 불러 보겠습니다.

꽃이 꽃이 곳곳에 피었고
사람이 사람이 곳곳에 있네
반야가 반야가 곳곳에 피었고
생명이 생명이 곳곳에 있네
부귀한 사람이 되고져 하는 이는
모두들 부처님 앞으로 모이세

분요紛擾한 저자거리든 고요한 산중이든
골짜기든 언덕배기든
마음속에서 열반을 찾은 아라한이 머무는 곳은
어디나 안락의 땅 아닌 데가 없어라

제7장

불교의 미래관

불
교
의

미
래
관

━━━━━━ 사람이 재산과 덕이 있다 해도 아직 모자랍니다. 미
래의 앞길이 열려 있어야 합니다. 그래서 불교의 미래관을 이야기
하고자 하며, 여러분 모두가 불교적 미래를 소유하실 수 있길 희망
합니다.

　사람들은 모두가 아름답고 좋은 미래가 있기 바라며 더욱이 자
기의 미래는 어떤 모습인지 알고 싶어 합니다. 이런 까닭에 점을
봐서 자기의 미래를 미리 알고자 합니다.

미래는
무한한 희망

자기의 미래를 미리 알 수 있다면 좋겠습니까? 아니면 나쁘겠습니까?

만약 우리가 자기의 미래를 모두 알고, 또한 자기에게 앞으로 발생할 모든 일을 안다면, 이것은 우리에게 행복한 일이 결코 아닙니다. 예를 들어, 내가 내일 죽을 예정이지만 나는 모르고 있으니 오늘도 변함없이 사는 것이 아주 기쁘고, 여전히 즐겁습니다.

다시 말해 내일 죽을 것을 지금 내가 알고 있다면, 틀림없이 지금 이 자리에서 즐겁고 기쁘게 여러분과 이야기를 나누지 못할 것입니다. 설사 나의 생명이 30년, 50년이 더 있다 해도 내가 몇 년 몇 월 며칠날 죽게 된다는 것을 알게 되었을 때 비록 오랜 시간이 남아 있다 하더라도 여전히 두려움을 느끼게 될 것입니다. 자기 개인의 미래를 아는 것은 결코 행복한 일이 아니고 심지어는 고통스러운 일이 되는 것입니다. 그러나 우리가 자기의 미래가 어떤지 알 필요는 없지만, 사회와 국가와 인류의 미래가 어떠한지는 알아야 합니다. 왜냐하면, 이것이야말로 요긴한 것이기 때문입니다.

미래는 우리의 무한한 희망입니다. 사람들 모두 미래의 희망을 품고 있어야 하며 우리는 미래의 희망을 위해 노력해야 합니다. 바르고 확실한 인생관은 마땅히 '다만 밭 갈고 김매는 것을 묻되 수

확에 대해서는 묻지 말라'는 것이어야 합니다.

비록 자기의 미래를 알아야 하는 것은 아니지만, 한 사람 한 사람 모두 노력하여 국가의 미래를 바꾸고 사회의 미래를 바꾸고, 전 인류의 운명을 올바르게 바꾸어야 합니다.

시작도 없고
끝도 없고

부처님은 자기의 운명을 바꾸고, 인류의 운명을 바꿔 놓으셨습니다. 인간세계에 남긴 진실된 가르침은 줄곧 지금까지 변함없이 우리 자신의 운명을 바꾸는 데 도움을 주고 있습니다.

미래는 무엇일까요? 미래는 마치 괘종시계와 같이 째깍째깍 돌아가는데 돌다 어느 곳에서 멈출지는 모르는 것입니다. 미래는 시작도 없고 끝도 없다는 것을 아는 바에는 현재에 미주알고주알 따질 필요가 없습니다.

현재, 금생 백 년의 세월이 한도 끝도 없는 미래 속에 얼마나 자리를 차지할 수 있겠습니까. 어쨌든 바른 신앙을 갖고 있는 불자라면 점을 보고 미래를 알려고 하지 마십시오. 만약 미래를 꼭 알려고 한다면 미래를 우리 자신의 손 안에 장악하십시오. 자기의 운명을 자기가 바꿔나갈 수 있는 것이기 때문입니다.

우리 생활의 '현재'는 백 년 전의 미래요, 천 년 전의 미래이며, 지금부터 백 년, 천 년 이후는 현재 사람들이 말하는 미래입니다.

미래에 관한 이야기를 할 때는 옛날 사람들이 말하는 미래도 그렇고, 현대인들이 말하는 미래도 신화와 같습니다. 현대인의 생활 속에 있는 텔레비전, 전화, 에어컨, 비행기 등이 백 년 전에는 신화가 아니었습니까?

백 년 후에는 별과 별 사이에 생물들의 왕래가 있을 수 있고, 공기로 식물을 만들어낼 수도 있을 것입니다. 현재 우리가 이야기하는 이러한 것들이 마치 신화 같지 않은지요. 옛날 책, 소설, 심지어 불법 속에서까지 자주 이야기되는 천안통天眼通은 어떠한 장애를 막론하고 아주 멀리멀리 볼 수 있으며, 천이통天耳通은 아무리 먼 곳의 소리라도 분명하고 정확하게 들을 수 있답니다. 옛날 사람들이 말할 때 이는 신화입니다. 그런데 지금은 아무리 먼 곳이라도 인공위성을 거쳐 텔레비전에 방송되면 우리는 모두 다 볼 수 있는데 이것이 천안통이 아니면 무엇이겠습니까. 아무리 먼 곳에 있는 사람이 이야기하더라도 전파를 거치거나, 전화를 통하면 모두 들을 수 있는데 이것이 천이통 아니겠습니까.

《아라비안 나이트》에 나오는 하늘을 나는 담요는 사람을 태우고 그가 가고자 하는 곳을 향해 자유자재로 납니다. 이건 신화이지요. 그런데 현재의 비행기가 마치 이야기 속에 나오는 날아다니는 담요 같지 않습니까? 지금 우리가 보는 텔레비전이 바로 동화책 속에 나오는 수정 구슬 같습니다. 그래서 당시에는 신화를 이야기 하는 것 같았지만 이러한 허다한 신화가 점차 사실이 되었습니다.

《아미타경阿彌陀經》속에 극락세계를 묘사한 대목이 있는데 "황 금으로 길을 깔고 칠보로 기둥을 세웠으며 물과 새들이 모두 불법 을 펼 수 있다"고 했습니다. 이게 가능한 일이냐고 의문을 제기할 수도 있습니다. 그런데 생각해보십시오. 우리가 살고 있는 현재의 길거리마다 모두 아스팔트가 깔려 있습니다. 수백 년 전에 어떤 사 람이 나와 미래에는 기름 종류를 길에 쏟아부어서 바닥을 평탄하 게 만들 것이라고 하면 누가 믿었겠습니까?

극락세계의 흐르는 물, 나는 새들이 설법할 수 있는데 어디 이것 뿐입니까. 요즘은 분수대의 물도 노래를 부를 줄 알고 춤도 출 줄 압니다. 말할 줄 아는 새도 많은 가정에서 기르고 있는 것이 현실 입니다.

미래세에
부처가 되리라

불교는 비단 과거를 이야기할 뿐 아니라 미래를 아주 중시합니 다. 미래는 우리의 희망이기 때문입니다. 미래에 대해 자주 이야기 합니다만 그러면 우리의 미래는 있는 것인가요 아니면 없는 것인가요? 그 미래는 살아 있는 것인가요 아니면 죽어 있는 것인가요?

우리의 미래는 유무생사有無生死로써 도달할 수 있는 것이 아닙니다. 그러나 우리의 미래는 영원하며 끝이 없습니다. 많은 경전 속에는 부처님이 제자들에게 준 수기受記가 기록되어 있습니다. 부처님이 제자들에게 다시 얼마의 시간이 지나고 나서 어떤 세계에서 성불하게 되며 무엇이라 부르게 될 거라고 일일이 일러주신 것입니다. 수기는 곧 불법이 미래를 중시하는 것의 표징이고 설명입니다.

불교는 '발원'을 자주 이야기 하는데, 불자가 앞으로 어느 부처님 나라에 가서 태어나겠다, 앞으로 어떻게 대중에게 봉사하겠다 하는 소망을 피력하는 것입니다. 발원은 바로 불교가 미래를 중시하는 가치입니다.

부처님이 법을 설하는 음성은 삼천대천세계에 두루 전할 수 있는데 부처님을 따라 출가한 제자들까지도 믿지 않았습니다. 신통 제일의 목련존자조차도 부처님의 음성이 그렇게 멀리까지 전해질 수 있다는 것에 의심을 품었습니다.

목련은 과연 그런지 알아볼 생각으로 신통을 써서 아주아주 먼 동쪽에 있는 세자재왕여래世自在王如來의 나라로 갔습니다. 그가 그곳에 도착했어도 역시 석가모니 부처님의 법을 설하시는 음성을 변함없이 들을 수 있었습니다. 그 당시 세자재왕여래께서 법을 설하고 있었는데 갑자기 목련존자를 손 안에 잡은 한 제자가 세자재왕여래에게 "부처님! 우리 도량道場에 어디선지 벌레 한 마리가 왔습니다" 하고 보고하는 것이었습니다. 세자재왕여래의 나라 사람들은 신체가 모두 크기 때문에 우리 인간의 몸은 그들의 눈에는 단지 작은 벌레로 보일 뿐이었습니다.

이때 세자재왕여래가 "그렇게 이야기하면 안 되지. 이는 사바세계 석가모니 부처님의 제자 목련이다" 하시고는 목련에게 "의혹의 마음으로 여래의 음성을 시험하려 하면 안 된다" 하셨습니다.

현대과학도 이미 부처님의 음성만이 삼천대천세계를 두루 전할 수 있는 것이 아니라는 것을 설명하고 있습니다. 우리 인간 어느 한 사람이 하는 말도 위성중계만 거치면 세계 어느 구석에라도 모두 전해질 수 있습니다.

수명의 끝이 없는
무량수

우리는 이 생명이 과거에서부터 이어져서 현재까지, 현재에서 천천히 미래를 향해 가고 있습니다. 미래의 길 위에서는 생명이 단락되는 삶과 죽음이 단지 몇 십 년의 세월이지만, 태어나서 죽고, 죽고 다시 태어나며, 조금씩 조금씩 끝이 없는 미래를 향해 갑니다. 물론 이 세상에 일부 깨달은 사람의 생명은 몇 십 년이 아니고, 몇 백 년, 몇 천 년, 몇 만 년 이상 갑니다.

경전에 쓰인 바를 근거 삼는다면 부처님 제자 중에 고행 제일의 마하카사파 존자는 지금까지도 아직 열반에 들지 않았다고 합니다. 그는 지금 석가모니 부처님의 의발을 받들고 계족산 속에 숨어 살며 오십육억칠천만 년 후 세상에 나오실 미륵존불이 세 번에 걸쳐 설법할 때 석가모니 부처님의 의발을 미륵존불에게 전해 드리려고 기다리고 있습니다. 얼마나 길고 긴 시간입니까!

우리 인류 중에서 그 역사가 가장 길고 긴 아시아 민족도 겨우 오천 년뿐인 것을 볼 때 불교에서 말하는 미래의 뜻이 얼마나 깊고 넓은지를 알 수 있습니다.

불교에서 이야기하는 여러 부처와 보살의 수명은 모두 한도 끝도 없어서 아미타불 같은 경우는 무량수불無量壽佛이라고도 할 정도입니다. 일반적으로 천인天人으로 이야기하더라도 무색계천無色界天의 수명 같은 경우는 최고 팔만대겁에까지 이를 수 있습니다.

《아미타경》에 나오는 십육나한의 하나인 빈두로파라타사(賓頭盧頗羅墮) 존자, 속칭 긴 눈썹 나한은 현재까지도 인간세계에 살아 있다 합니다. 동진東晉의 도안道安 대사가 그를 뵌 적이 있습니다. 송나라 때에 큰바람이 불어 거목이 쓰러졌는데 나무 속에 머리칼과 손톱이 모두 아주 긴 한 스님이 좌선하고 있었습니다. 일반인들은 요괴인 줄 알았으나 한 스님의 설명을 듣고서 비로소 선정에 든 노승인 것을 알았습니다.

죽비를 이용해 그를 선정에서 깨어나도록 했는데, 이 소식이 퍼져나가 황제가 그를 불러들이라는 전지를 내렸습니다. 황제가 만나보고 그의 처지를 자세히 묻고서야 동진시대 혜원慧遠 대사의 제자인 것을 알았습니다. 계산해보니 혜원 대사와 송나라와는 이미 천여 년의 거리가 있었습니다.

불교사상 유명한 시인이자 현재에도 변함없이 전 세계 사람의 숭배를 받는 시승詩僧 한산寒山과 습득拾得 두 분 대사는 당나라의 고승이지만 그들의 신체는 오늘날까지 저장(浙江) 톈타이산(天台山) 속에 있습니다. 왜냐하면 당시 그들 두 분이 하하 웃으며 바위 속으로 들어가는 것을 사람들이 보았는데, 신체를 대자연 속에 던져서 대자연과 동화시킴으로 영원히 전하여 퍼졌기 때문입니다.

미래 세계는
해탈과 열반의 세상

현대인들은 자주 서로 간에 누구는 너무 앞을 내다보지 못한다, 또 미래를 보는 안목이 없다고 하며 비판을 합니다. 사실 틀린 말은 아니나 현재를 이야기할 때 현재는 아주 유한한 것입니다.

어떤 사람이 말하길 인생은 무대 위에서 연극하는 것과 같다고 했습니다. 어느 무대에 걸려 있던 주련柱聯에 아주 좋은 글이 써 있었습니다. 위쪽 연에는 "군자인지 소인인지 혹은 재간꾼인지 가인인지는 무대에서 내려오면 알 수 있다"고 했고, 아래 연에는 "어느 땐 하늘과 땅이 기뻐할 일도, 어느 땐 하늘과 땅이 발칵 뒤집힐 일도, 눈을 돌려보면 모두 헛된 것이다"라 했습니다. 이 한 폭 무대의 주련은 현대인의 삶을 참으로 분명히 말했습니다. 군자라도 좋고, 소인이라도 좋고, 재주 있고 고운 사람도 좋지만 우리는 궁금해야 할 필요가 없습니다. 바로 본모습을 볼 수 있습니다. 하늘과 땅이 놀랄 일도 좋고, 하늘과 땅이 기뻐할 일도 좋은데 곧 모두 지나가버릴 것입니다. 우리의 희망은 미래에 있습니다. 미래에 이야기가 미치니 어떤 사람은 미래는 아마 세계의 마지막 날이 아닌가 하고 무서워하는데, 염려 놓으십시오. 세계에는 최후의 날이 있을 수 없습니다.

불법에 비록 인간도 태어남과 늙음과 병듦과 죽음이 있고, 세계에 성주괴공成住壞空이 있다 했지만, 생로병사는 태어남이 있으므로 죽음이 있고 죽음이 있으므로 태어남이 있는 것이며, 세계는 가득 차게 되서 비게 될 것이며 비게 됨으로 해서 만들어질 것입니다. 이는 순환의 지극한 이치로 완결의 마지막 날은 있을 수 없습니다.

어떤 사람은 현대세계는 보편적으로 에너지가 부족하고 기름을 너무 많이 쓰니 결국 언젠가는 기름을 다 쓰게 되는 날이 있을 텐데 그땐 어떻게 하느냐고 걱정합니다.

걱정할 것 없습니다. 현재 태양 에너지를 쓰려고 준비하고 있지 않습니까? 혹여 태양 에너지를 다 써버렸다 해도 상관없습니다. 우리는 마음속의 에너지를 또한 갖고 있습니다. 어떤 사람은 더욱 마음을 못 놓아 만일 장래에 하늘이 무너져 내리면 어떡하나 걱정합니다. 속담에 "하늘이 무너져내려도 솟아날 구멍이 있다"고 하지 않았습니까.

미래도 좋고, 최후의 날도 좋고, 하늘이 내려앉아도 좋습니다. 불자들은 두려워할 필요가 없습니다. 그것은 우리들에게는 불법이 있어 우리를 도와 모든 일에 응해 주시기 때문입니다.

불법에서 보는 우리 모두의 미래는 어떠한 것일까요. 경전과 그 주석서 및 모든 불교 관계 책은 미래에는 사람들 모두가 성불할 수 있으며, 사람들 모두 해탈할 수 있다고 우리에게 말해주고 있습니다.

우리의 미래 세계는 열반의 세계이고, 정토 세계이고, 오직 하나뿐인 참된 세계입니다. 놀라셨습니까? 그럼, 우리의 미래가 어떻게 해서 그렇게 아름답고 좋은지 이야기해보겠습니다. 卍

우리 미래의 모습

역사상 가장 먼저 발생한 정권은 모든 것이 제왕의 손아귀에 있는 '군권시대君權時代'입니다. 그러나 이러한 군주의 권력에 의지한 전제정치專制政治는 사람들이 믿고 따르기 어려워서 모두가 민주를 요구하고 싸워 얻으니 '민권시대民權時代'로 진화된 것입니다.

민권民權, 전 국민의 권리를 따지는 것으로는 모자라서 개인의 권리를 더욱 중요하게 여기게 되었습니다.

정치적으로 본
미래

민권시대에서 더 나아가서 인권을 쟁취하게 되었고 '인권시대人權時代'를 맞았습니다. 현재 세상에는 아직 인권기념일이 있습니다. 세계가 다시 발전해나가면 단지 민권, 인권만이 아닌 '생권시대生權時代'가 다가오게 됩니다.

생권은 바로 인류의 권리만을 따지는 것이 아니라 생명이 있는 중생은 모두가 권리가 있다는 뜻입니다. 이 생권시대가 곧 올 것입니다. 가령 도로를 달리면서 오토바이에 닭, 오리를 거꾸로 매달아 싣고 다니다 경찰이 보면 동물을 학대했다고 벌을 줄 것입니다. 소나 말에 짐을 너무 많이 실어도 동물을 학대했다고 처벌을 받을 것입니다.

대만 남부의 형춘진(恆春鎭)은 매년 가을철에 철새들이 거쳐가는 곳입니다. 그 새들을 잡으려거나 다치게 하려는 사람들로부터 철새들을 보호하고자 주민들이 여러 차례 호소해서 지금은 남부지역에서 지나가는 이 길손님들을 잡지 못하도록 제한하고 있습니다.

인류가 문명적일수록 갖가지 생명을 아끼고 보호하는 것이 마땅합니다. 캐나다에 있을 때 그곳 사람이 하는 말이 캐나다 법률에는 낚시할 때 허가를 받아야 하고, 자신이 낚아 올린 고기라 하더라도 한 자 이상 큰 것이라야 가져갈 수 있다고 했습니다. 한 자가 안 되는 것이 걸렸을 때는 곧바로 다시 놓아주어야지 그렇지 않으면 법을 어기는 것이라고 했습니다. 경찰이 수시로 그곳을 순시하며 낚인 고기를 자로 재는데 이것이 바로 문명국가의 생권에 대한 중시와 그 사실의 확인입니다.

매년 사월 초파일은 부처님 오신 날입니다. 불교계에서는 이날을 동물보호의 날로 정해주길 정부에 요청하고 있습니다. 오늘날 문명국가는 이미 동물을 보호하기 위해 많은 법령을 제정했습니다. 동물을 학대하거나 목숨을 잔혹하게 뺏는 것은 야만인의 행위입니다. 그러므로 정치적으로 미래를 볼 때 생권의 시대가 다가오려 하고 있습니다.

종교적으로 본 미래

일찍이 모든 사람이 신앙하던 종교는 '자연 종교'였습니다. 예를 들어 천둥이 치면 천둥할아버지가 있다 했고, 번개가 치면 번개의 신이 있다 했으며, 바람 불면 바람신이, 비가 오는 것은 비의 신이 있어 그렇다 했습니다.

대자연에 대해서 알지 못했기 때문에 사물과 자연과 현상 하나

하나마다 주재하고 있다고 생각했습니다. 자연 종교에서 나아가 사람들은 생활 속에서 알지 못하는 일에 대해 두려움을 느끼고 신과 귀신이 조종하고 있는 것이 틀림없다고 생각했습니다. 서서히 '귀신 종교'로 들어서게 된 것입니다. 오늘날 우리들의 사회에서도 일부 가련한 민중들의 신이 속박해주길 원하며, 우리의 생활 모두를 신이 틀어쥐고 있다고 생각하는데 사실은 자기의 어리석음이 자기를 속박하고 있습니다. 이것이 바로 일반에서 말하는 미신입니다.

귀신 종교에서 다시 '영웅 종교'로 들어섰습니다. 예를 들어 관운장이 나라에 충성하고 의로우니 그가 신이 됐다고 생각하는 식입니다. 그렇게 하여 남송의 무장이었던 악비岳飛도 신, 대만을 개척한 정성공鄭成功도 신, 이밖에 지역에서 뛰어난 인물들에서 민족 영웅이라 일컫는 인물까지 모두 그들에 대한 존경으로 인한 영웅의 종교가 나타난 것입니다.

종교가 다시 더 발전해 미래에는 '진리 종교'가 올 것입니다. 진리의 종교는 바로 불교 신앙입니다. 불교 신앙은 미신이 아니며 신화도 아닙니다. 인생을 다루며 생활밀착형입니다. 그리하여 세계 종교의 미래는 끊임없이 부처님 세계, 부처님 진리의 세계가 될 것입니다.

최초의 사회는 가족사회이며 그것을 기초로 점점 종족사회로 확대되고, 이것이 민족사회로 확대되었습니다. 이 시대가 다시 발전해나가면 '불족佛族사회'가 올 것입니다.

무엇을 불족사회라고 할까요? 부처님은 이천오백여 년 전에 "어떤 계급이든 출가만 하면 모두 석釋 씨가 된다"고 했으며, "세상의 모든 중생은 여래의 지혜와 덕상을 갖추고 있다"고 선포했습니다.

부처님께서 조직한 교단을 육화경六和敬의 교단이라 합니다. 곧 평화, 안락, 청정을 기초로 인간세계를 하나의 평화롭고 평안하며 즐거운 정토로 창조하려는 것입니다. 지금 세상에는 그릇된 사상이 넘쳐흐르니 바른 지혜를 갖춘 진리로 미욱한 민중들을 인도하는 것이 필요합니다. 그러므로 미래의 불광佛光은 전 인류를 널리 비춰 전 세계의 인류에게 불교의 신앙을 받아들이게 할 것입니다. 여러분 모두가 한결같이 불법을 배워 불족 사회가 하루빨리 올 수 있도록 기도합시다.

생활을 통해 본 미래

옛날 사람들은 물질생활만 알아, 소와 말과 마찬가지로 살았습니다. 소와 말은 풀과 물 이외에는 다른 것의 요구가 없기 때문입니다. 그런 물질생활에서부터 사람들은 점점 '정신생활' 또한 있어야 한다고 느꼈습니다.

책을 읽을 필요성도 느끼고, 종교도 있어야 하며, 갖가지 정신적인 생활이 있어야 함을 알게 되었습니다. 물질생활과 정신생활이 있고서도 어떤 사람은 아직 부족하다 여기고 한 걸음 더 나아가 물질과 정신을 초월하는 '초월생활'을 추구하게 되었습니다.

앞에서 말한 한산과 습득의 경우처럼 소탈함과 자유로움으로 전혀 물질에 구애됨이 없고, 정신에도 수고로움이 없는, 일체가 모두 본래면목으로 자유자재하고 소탈한 초월생활을 지내는 것입니다. 어떤 사람이 전에 외국에서 극렬하게 유행했던 히피들은 본래는 한산, 습득 대사의 이러한 소탈함과 자재를 배우려던 것이었다고 한 것을 들은 적이 있습니다. 그것은 한산 스님의 시가 세계 각지로 전해짐에 따라 몇몇 사람들이 연구하고 공부함으로써 깊이 느껴지는 바 있어 본뜬 행위일 것입니다. 그러나 그들이 먼저 마음부터 깨끗해야 됨을 모르고 단지 겉에 나타나는 모자란 듯 실없는 모습만 배웠는데, 이런 히피들을 아무도 지도할 사람이 없는 것이 아쉽습니다. 결국 그들의 생활은 초월된 생활이 아닐 뿐 아니라 일종의 미치광이짓으로 변해버렸습니다. 생활을 통해 미래를 볼 때 우리의 생활은 '중도생활'이 되어야 합니다.

중도의 생활이란 물질이나 정신 어느 한쪽으로 지나치게 치우치지 않고 둘 사이가 조화를 이룬 생활입니다. 왜냐하면 물질에 치우친 생활은 너무 지나치게 뜨거워 사람의 머리를 마비시키며 정신에 치우친 생활은 너무 차갑고 냉랭하여 생기가 없기 때문입니다. 너무 지나치게 세상에 몰입하지 말며, 너무 지나치게 세상에서 벗어나지도 말라는 뜻입니다. 세상을 벗어난 정신으로 세간의 사업을 하라는 의미로 이것을 중도의 생활이라 부릅니다.

교통수단을 통해 본 미래

가장 일찍이 발달된 인류의 교통수단은 육지의 차량과 바다의 배입니다. 그 뒤 하늘을 나는 비행기로 발전하였는데, 지금은 다른 별을 향해 탐색에 나서 우주선 등 갖가지 초고속의 교통수단을 발명해내었습니다. 미래의 교통수단은 어떻게 발전될 것인가 생각해볼 필요가 있습니다.

어떤 사람은 미래의 교통은 기차나 배, 비행기를 탈 필요도 없고 몸에 배낭을 하나 메고 있으면 배낭 속의 한 기관이 발동하여 하늘로 올라 날아가게 된다 하고, 또 어떤 사람은 신발 한 켤레만 신고 있으면 굽 뒤에 있는 스위치가 발동되어 마음대로 구름과 안개를 헤집고 다닐 수 있다고 하는데, 그렇더라도 너무 느리고 역시 번거로운 일입니다. 우리의 미래는 '신유神遊의 교통'입니다. 신유는 결코 꿈이 아닙니다. 바로 극락세계 사람들이 묘한 꽃들을 치성하여 다른 세계의 십만억 부처님께 공양하고 식사할 땐 다시 본국으로 돌아온다고 했듯이 아주 짧은 시간에 시방의 모든 불국토를 두루 다닐 수 있고, 마음속으로 생각을 통해 세계를 구경할 수 있습니다.

이렇게 이야기를 나누고 있는 지금 신유라고 한다면, 생각으로 '아메리카나 유럽에 가봐야겠다'고 하면 마음이 곧 갈 수 있습니다. 이렇게 한다면 미래세계를 구경할 수 있을 뿐만 아니라 달나라에도 갈 수 있으며, 심지어 시방제불국토十方諸佛國土까지 신유할 수 있습니다.

교육을 통해 본 미래

교육은 먼저 한 선생님이 몇 학생을 가르치는 '개인 교육'으로 시작해, 여러 선생님이 많은 학생을 가르치는 '학교 교육'으로 발전했습니다. 학교 교육은 학교에 가서 수업을 받아야 하는데, 그것이 불편하다 생각하여 '통신학교'라는 것이 생겨났습니다. TV나 라디오 등의 방송을 통해 지식을 흡수하는 것인데 이것 역시 고정된 교재와 고정된 시간에만 교육이 이루어집니다. 아마도 미래의 교육은 일종의 '만물 교육'이 될 것입니다.

시냇물 소리는 모두 부처님의 말씀이오
산빛(山色)은 그대로 부처님의 법신이다
푸르디 푸른 대나무는 그대로가 묘법이고
누리에 가득 찬 국화는 그대로가 반야로다

앞으로의 교육은 몸으로 느끼는 것으로 세상에 존재하는 모든 것이 우리에게 법을 설하고, 교육적 계시를 줍니다. 이러한 교육은 단지 마음으로 우주 만물을 느끼면 됩니다. 이 세상에 존재하는 모든 것이 가장 좋은 교재이기 때문에 꽃을 보면 꽃이 나에게 법을 말하고, 집을 보면 집이 나에게 이야기를 합니다.

마치 극락세계의 나무, 흐르는 물, 나는 새 모두가 법을 설하는 것과 같습니다. 여러분이 법문을 들으러 절에 가거나 강연장에 가게 되면, 법문 외에도 이미 그곳의 분위기와 아름다운 환경이 먼저 여러분께 법을 설하는 것입니다.

여러 세계의 모습을 통해 본 미래

과거의 사람들이 알았던 것은 단지 자기 나라뿐이었습니다. 그러나 지금은 자기 나라 외에도 세계에는 여러 나라가 있는 것을 알고, 우주가 있다는 것도 알고, 심지어 시방에 한량없이 많은 세계가 있다는 것까지 알고 있습니다. 여기에 한 걸음 더 나아가서 우리의 마음에서 구해야 할 '허공의 세계'가 있습니다. 마음이 아주 작아 한 가정에 국한되어 있다면 한 가정이 바로 당신의 세계이고, 당신의 마음에 국가가 존재하면 국가가 바로 당신의 세계입니다.

이렇게 확대해가면 법계 안의 모든 것이 우리의 마음 안에 있으며 마음 밖의 대지는 한 치의 땅도 없으니 우리의 세계가 바로 허공입니다. 또한 허공이 바로 우리의 마음 안에 있으니 허공 중의 일체 만물이 모두 우리의 것입니다. 이런 때가 되면 그 얼마나 부귀스럽겠습니까. 중생이라 함은 내 마음속의 중생이고 우주라 함은 내 마음속의 우주로 모든 것이 내 것이니 그것은 실로 아주 멋있고 아주 부유한 세계입니다.

삶의 형태를 통해 본
미래

인생을 놓고 볼 때 어떤 사람은 지금의 생(今生)만을 중시합니다. 이번 생명이 끝나면 모든 것이 무無로 돌아간다 생각하여 그때그때 낙을 즐기고 나날을 술에 젖어 지냅니다. 어떤 사람은 내생이 있다는 것까지도 생각하여 금생을 위하여 고생할 뿐 아니라 내생을 위해서도 생각을 하는데, 내생만으로는 부족합니다.

내생 외에도 셀 수 없이 많은 후세가 있고, 후세에 하려는 일 역시 아주 많으니 우리가 잘 계획해서 잘 실천해야 합니다. 금생, 내생, 후세 이러한 미래 역시 불구경不究竟한 것입니다.

우리가 추구하는 이상은 태어남이 없는 미래입니다. 그럼 무엇을 태어남이 없는 세계라 할까요? 현재 우리는 생사윤회를 벗어나지 못하며, 그 끝을 알지 못합니다. 어떻게 해탈할 수 있을까요. 그것은 바로 태어나지 않음을 증득하는 것으로, 태어나지 않는 것은 곧 삶과 죽음이 없는 삶입니다. 예로 염불을 열심히 하여 극락세계에 태어나면 나지 않음(無生)을 얻을 수 있습니다. 극락세계에 태어나는 것은 생生이지 사死가 아니며 일반적인 삶과 죽음과는 크게 다른 것임을 알아야 합니다.

주변에서 누군가 아이를 낳으면 우리는 아주 기뻐합니다. 그러나 지혜가 있는 사람이 보면 도리어 울음을 터뜨릴 것입니다. 태어남이 있으면 반드시 죽음이 있기 때문입니다.

가장 좋은 미래는 역시 태어남이 없는 것으로 태어나지 않으니 죽지 않습니다. 불교에서 말하는 열반의 세계가 바로 나지도 않고 죽지도 않는 세계입니다. 모든 사람의 자성 속에는 모두 열반이 있고 나지도 않고 죽지도 않는 삶이 있습니다. 어떻게 얻을 것인가는 바로 우리의 노력에 달렸습니다. 🪷

우리가 만들어 가는 미래

태허 대사는 불교가 인도에서 전해 내려온 최초의 천오백 년을 세 시기로 나누었습니다. 맨 처음 오백 년을 '소승불교가 크게 일어나고 대승불교가 숨은 시기'라 했고, 두 번째 오백 년을 '대승불교가 크게 일어나고 소승불교가 숨은 시기'라 했으며 세 번째 오백 년을 '밀교密教가 크게 일어나고 현교顯教가 숨은 시기'라 했습니다.

그러면 불교의 미래는 어떻게 발전해야 할까요? 대승과 소승이 함께 널리 퍼지고 현교와 밀교가 서로 통하여 중생의 삶을 널리 제도하는 '인생불교'가 올 것입니다. 그것은 불광산에서 제창하고 있는 '생활불교'이기도 합니다.

미래에는 인생불교의 확대 아래 모든 사람이 불법을 알게 되고 생활의 불교를 알며, 운명은 내가 장악하고 있다는 사실을 알게 됩니다. 불교에서 업을 말하지만, 업이 무조건 나쁜 것이 아닙니다. 업에는 선업이 있고 악업이 있는데, 바로 이 업이 우리의 생명을 이어주어 사람에게 끊임없는 생명이 있는 것입니다.

한 번 한 번의 생명의 결속은 마치 한 개비 한 개비의 장작이다 태워지면 다시 한 개비 넣어지는 것과 같아 생명의 불은 줄곧 계속해 타내려 갑니다. 따라서 불교의 이 업력설業力說은 우리의 미래에 대한 커다란 믿음을 갖도록 해줍니다.

업은 스스로의 힘으로 만들어진 것입니다. 그 어떤 것의 구속도 받지 않으며, 모든 일을 스스로 짓고 스스로 받습니다. 또한 선과 악을 지을 기회도 똑같습니다. 따라서 우리가 마음먹기에 따라 좋은 업을 지을 수 있으니 우리는 희망이 무궁한 셈입니다. 아무리 안 좋은 업이라도 받고 나서 소멸시키는 때가 있게 되니 그때는 곧 이 한 몸이 진 빚이 없어진 셈이어서 가볍습니다.

인과는 이 우주공간에 가장 과학적인 법칙입니다. 마치 밭을 경작하는 것과 같아 씨를 심으면 틀림없이 거두어들이는 것입니다. 미래는 불교신앙이 널리 보급되어 모두가 자기를 위해 아름답고 원만한 생활을 꾸려나갈 것을 알게 되는 세상입니다. 그리하여 악업이 감소하게 될 것이니 여러분의 앞날은 밝게 빛나고 아름답고 원만할 것이 틀림없습니다.

한번 생각해 보십시오! 우리의 미래가 날마다 자유와 평화, 행복으로 충만하니 이 얼마나 즐거운 일입니까! 그러면 어떻게 해야 이러한 자유와 평화와 행복을 누릴 수 있겠습니까? 미래에 자유로워지고 싶다면 다음의 여섯 가지를 해내야 합니다. 불법의 관점에서 말씀드리겠습니다.

첫째, 다른 사람의 생명을 빼앗거나 해치면 안 됩니다. 둘째, 다른 사람의 재산을 빼앗아서는 안 됩니다. 셋째, 다른 사람의 몸에 해를 끼쳐서는 안 됩니다. 넷째, 다른 사람의 신용을 무너뜨리면 안 됩니다. 다섯째, 다른 사람이 가지고 있는 것을 시기하면 안 됩니다. 여섯째, 다른 사람의 생활을 파괴하면 안 됩니다.

이 여섯 가지가 지켜진다면 모두가 굉장히 자유롭지 않겠습니까? 또한 민주주의 사회를 누리려면 다음 여섯 가지를 해내야 합니다.

첫째, 어떠한 때라도 서로 존중해야 합니다. 둘째, 어떠한 때라도 법의 다스림을 받들어 행해야 합니다. 셋째, 어떠한 때라도 공정하고 이기적이지 않아야 합니다. 넷째, 어떠한 때라도 일을 나눠 함께 협력해야 합니다. 다섯째, 어떠한 때라도 나와 다른 상대를 받아들여야 합니다. 여섯째, 어떠한 때라도 마음속으로 고맙게 여기고 기뻐하며 찬탄해야 합니다.

그리고 평화로운 미래가 되려면 다음 여섯 가지를 해내야 합니다. 첫째, 성내고 원망해야 할 곳에 자비의 씨앗을 퍼뜨려 심어야 합니다. 둘째, 원망의 눈길이 있는 곳에 넓은 아량과 이해를 베풀어야 합니다. 셋째, 의심이 있는 곳에 믿음의 힘을 길러야 합니다. 넷째, 어둠이 있는 곳에 반야의 불꽃을 피워야 합니다. 다섯째, 뜻을 잃은 곳에 내일의 희망을 내보여야 합니다. 여섯째, 근심 걱정이 있는 곳에 기쁨과 즐거움의 위안을 줘야 합니다.

행복한 미래가 되려면 다음 여섯 가지를 해내야 합니다. 첫째, 다른 사람에게 기쁘게 보시해야 합니다. 둘째, 세상의 은혜에 감사하는 미덕이 있어야 합니다. 셋째, 물질에 대해 분수를 알고 지키는 수양이 있어야 합니다. 넷째, 매사에 인연을 맺을 줄 알아야 합니다. 다섯째, 생활에 근검한 습관이 있어야 합니다. 여섯째, 불법에 대해 마음을 내어 수행해야 합니다.

이상에서 말한 것은 우리의 미래를 아름답게 할 수 있는 가장 좋은 방법입니다. 우리의 미래가 자유와 민주와 평화와 행복을 누릴 수 있는지 없는지는 바로 우리 모두의 노력에 달렸습니다. 🐚

달처럼 그 빛이 고결하고

고요하고 평온하며

온갖 소란과 동요를 잠재워버린

이런 사람이 진정한 바라문이다

제8장

어떻게 살 것인가

인
과
의
삶

불교는 인과응보因果應報를 중요시하는 종교입니다. 인과因果를 가장 간단히 말한다면 속담에 "콩 심은 데 콩나고 팥 심은 데 팥난다"고 하듯 어떠한 원인으로 인한 결과를 말합니다. 바로 무슨 인因을 심으면 곧 무슨 과果를 거둬들이게 된다는 것입니다. 인과는 시간적으로는 삼세인과三世因果가 있으며, 일상생활 가운데 경제, 신체, 신앙 등에도 각기 그들의 인과율이 존재합니다.

거둬들이려면
먼저 길러라

사람들은 배고프면 밥을 먹습니다. 배가 고파 밥을 먹으면 허기가 풀립니다. 밥을 먹는 것은 인이고 배가 부른 것이 바로 과입니다. 어떤 사람이 게으름 피우지 않고 근면하게 일해서 많은 돈을 벌었다면, 열심히 일한 것은 인이고 돈을 번 것이 곧 과입니다.

후스 선생이 "거둬들이려면, 먼저 길러라"라고 한 것처럼 인과관은 결코 숙명론宿命論이 아닙니다. 숙명론은 모든 얻음과 잃음, 성공과 실패를 은연중에 운명의 신이 장악하여 우리가 아무리 노력해도 소용없는 것으로 여깁니다.

인과의 관념은 선이든 악이든 모든 과보를 자기 자신이 만들어 내는 것입니다. 행복이나 불행의 선택권이 신에게 있지 않고 자기에게 있으며 일체의 결과는 자기 행위가 결정한다는 뜻입니다. 과거의 불행은 끊임없는 노력에 의해 행복으로 전환시킬 수 있습니다.

이렇게 볼 때 인과관은 노력, 수행을 긍정하는 참으로 낙관적이고 진취적인 도리입니다. 《명심보감明心寶鑑》에도 "좋은 일에는 좋은 갚음이 있고 나쁜 일에는 나쁜 갚음이 있다. 갚음이 없다고 근심하지 마라. 다만 아직 때가 되지 않았을 뿐이다"라는 말이 있습니다. 우리는 인과응보가 조금도 틀림이 없음을 굳게 믿어야 하며, 말을 조심하고 행동을 신중히 하며, 몸과 마음을 지키고 보호해야 합니다. 악인惡因을 만들어 악과惡果를 맛보지 않도록 해야 합니다.

인과의 생활은
행위에 대한 책임

인과는 틀림없이 응보되는 것이고, 단지 시간이 빠르고 늦는 차이가 있을 뿐입니다. 어떤 것은 현세에 바로 보를 받고, 어떤 것은 내세에 가서야 보를 받으며, 어떤 것은 다생다겁多生多劫이 지나고서 받는 것입니다. 그러면 우리의 일상생활 속에서 어떻게 인과의 생활을 조화시켜야 할까요? 짧은 얘기 한 토막을 들려 드리겠습니다.

한 어린이가 친구하고 마찰이 생겨 울분을 풀기 위해 산골짜기에 달려가 골짜기에 대고 소리를 질렀습니다.

"나는 너를 미워해! 나는 너를 미워해!"

아이가 소리를 지르자마자 골짜기에서 소리가 들렸습니다.

"나는 너를 미워해! 나는 너를 미워해!"

골짜기에서 울림이 오랫동안 끊이지 않고 울려오는 것이었습니다. 그 아이가 낙심하여 집에 돌아와서 어머니에게 울면서 말했습니다.

"세상의 모든 사람들이 다 나를 미워해요."

아이의 어머니가 자세한 원인을 묻고서는 아이의 손을 끌고 그 조용한 골짜기로 데려갔습니다. 그리고는 골짜기에 대고 "나는 너를 좋아해!" 하라고 일렀습니다. 아이가 어머니의 말대로 하자마자 골짜기의 구석구석에서 소리가 들려왔습니다.

"나는 너를 좋아해!"

이 이야기는 사랑만이 사랑을 이길 수 있고 미움으로 미움을 대하면 미워함이 더욱 깊어질 뿐이라는 것을 우리에게 말해줍니다. 여기 인과의 게송을 알려드리겠습니다.

사람의 용모가 단정하게 생긴 것은
인욕을 닦는 데서부터 온다.
세상에서 가장 보기 싫은 얼굴은 화내는 얼굴,
평상시 마음을 평온하게 하고
기氣를 부드럽게 지켜나가면
자연히 단정하고 좋은 용모가 나타난다.
가난은 인색하고 탐하기만 하여 남에게 줄 줄 모르고
남들과 인연을 맺지 않아
자신을 도와주는 많은 인연을 잃어버려
자연히 그렇게 되는 것이다.
명예와 지위는 남을 공경하고 존중하는 속에서 얻어지고

신분의 낮음은 오만과 남을 깔봄으로 생긴다.

언어장애는 불법을 훼방한 악과惡果이며,

청각장애와 시각장애는 고집멸도苦集滅道의

사제四諦를 믿지 않은 보를 받은 것이다.

수명을 오래 누리는 것은

자비를 알아 행하기 때문이고,

단명함은 살생으로 말미암은 것,

신체가 불구인 것은 파계의 응보인 것이다.

인과의 생활 속에서 누구나 자기가 저지른 것과 모든 행위에 대해서 책임을 회피할 방법이 없습니다. 우리는 인과 관념을 마음속에 단단히 새겨 말 한 마디 한 동작 모두가 불법에 들어맞도록 해야 합니다. 🌸

무아와 자비의 삶

부처님은 어찌하여 우주 제일의 깨달은 사람이 될 수 있었는가 하고 생각해봅니다.

그것은 중생을 불쌍히 여기고 사랑하는 성격에서 비롯되었습니다. 아라한도 역시 마찬가지입니다. 그가 세속을 멀리하고 열반으로 가려는 근기根器를 갖추었기 때문에 아라한이 될 수 있는 것입니다.

깨달은
중생 보살

세상 만물에는 각각의 성품이 있습니다. 사람의 성품도 갖가지여서 어떤 사람은 기쁘게 착한 일을 하고 베풀기를 잘하며, 어떤 사람은 차갑기가 얼음장 같아 무리에서 벗어나 외떨어져 삽니다. 도대체 어떠한 성품을 갖춘 사람이어야 보살이 될 수 있을까요? 바로 무아와 자비입니다. 무아의 정신이 있어야 자비의 마음이 있을 수 있고, 자비의 마음이 있어야 무아의 지혜가 있을 수 있습니다.

먼저 '보살'이라는 말에 숨겨져 있는 뜻을 알아보기로 합시다. 보살은 범어로 '보디사트바Bodhisattva'인데 한자의 음을 빌어 '보리살타菩提薩唾'로 표시합니다. 이 말을 줄여서 보살이라 합니다. 보디, 즉 보리菩提의 뜻은 '깨달음' 혹은 '바른 깨달음의 지혜'입니다. 살타薩唾는 '유정有情' 혹은 '중생'을 뜻합니다. 그래서 일반적으로 보살이라 하면 '깨달은 중생' 혹은 '보리심을 내는 중생'이라 해석합니다.

깨달은 중생에는 두 가지 뜻이 있습니다. 하나는 위로는 위없는 보리의 깨달음을 추구하는 중생입니다. 곧 자기 자신이 법열法悅을 그대로 간직하여 대지혜를 완성하는 구도적 보살이라는 것입니다.

다른 하나는 갖가지 바라밀을 수행할 수 있어 모든 사람에게 널리 이익을 주고 중생을 깨닫게 하는 성자입니다. 사람들에게 법열을 느끼게 하여 대자비를 나타내니 화생적化生的 보살이라 합니다. 다시 말하면 보살은 사바세계를 떠나 진리를 추구하는 아라한의 출세간적 성격을 띠고 있고, 또 한편으로는 중생을 불쌍히 여기고 사랑하여 세간에 들어가 고초받는 이들을 구해내는 열의가 충만한 부처의 성격을 띠고 있습니다. 곧 보살은 자기만의 깨달음을 구하는 아라한과 스스로 깨닫고 남도 깨닫게 하는 부처 양자 사이에 있는 것입니다. 위로는 깨달음을 구하고 아래로는 중생을 교화하며, 자신을 이롭게 함과 동시에 남을 이롭게 하는 성자입니다.

보살도 성문연각聲聞緣覺과 마찬가지로 수행하고 미혹을 끊어야만 해탈의 경계에 이를 수 있습니다. 보살과 아라한의 가장 큰 차이점은 바로 자비의 성격에 있습니다.

보살은 중생이 고통을 받는 것을 보면, 자비의 마음이 저절로 생겨나, 중생을 구조하여 삼악도의 고통에서 떠나게 하겠다는 커다란 원력을 세웁니다. 아라한이 세간의 어지러움과 생사윤회의 고통을 보았을 때 두려워하고 싫어하는 마음을 내어 하루빨리 사바세계를 떠나서 열반에 들기를 구하는 모습과는 다른 것입니다.

그렇기 때문에 보살의 길은 대승大乘이라 칭하고, 아라한의 길을 소승小乘이라 합니다. 승乘은 '탈 것'을 뜻하니, 대승은 큰 수레나 큰 배를 의미하고, 소승은 작은 수레나 작은 배를 의미합니다.

이들의 차이가 곧 보살과 아라한의 서로 다른 정신을 나타내는 셈입니다. 보살이 큰 배로 고해를 건너는 것을 도와준다면, 아라한은 작은 배를 타고 자신이 먼저 고해를 빠져나가는 것을 말하니, 비록 목적은 같으나 정신은 서로 다릅니다.

보살은 자비의 성격을 갖고 있기 때문에 남의 배고픔을 자신의 배고픔으로 여기고, 남이 곤란하면 그것을 곧 자신의 곤란으로 여기는 대승정신으로 가득합니다. 그러므로 자비는 보살로 하여금 남을 이롭게 하고 자신도 이롭게 하는 보살도를 실천하는 대승불교의 원동력이라는 사실을 알 수 있습니다.

엄한 아버지와
어진 어머니의 사랑

그러면 자비는 무엇일까요? 경전에 "자비는 모든 불법의 근본"이라고 했습니다. 부처님이 45년 동안 설법한 것이 방대한 경전이 되었습니다. 이 모든 것이 한결같이 자비에 뜻을 두었기에 이룩된 것이 아니겠습니까?

자慈는 기쁨을 주는 것으로, 중생들에게 대락大樂, 인락人樂, 열반락涅槃樂 등 세 가지 법락을 줍니다. 비悲는 고통을 없애주는 것으로, 삼악도에 빠져 고통을 받고 있는 중생들을 그 고통으로부터 건져줍니다.

대자大慈할 수 있으면 중생의 모든 병을 다스릴 수 있고, 대비大悲할 수 있으면 중생의 모든 고통을 위로하고 구제할 수 있습니다. 자비는 일반적으로 흔히 생각하는 보살핌과는 다릅니다. 자비의 마음과 그 경계는 보살핌보다 더욱 깊고 넓어 둘 사이에는 하늘과 땅의 차이가 있습니다.

중생에 대한 보살의 자비는 엄한 아버지와 어진 어머니와 같아 구하면 반드시 응합니다. 보살은 자기희생을 아까워하지 않습니다. 그의 대자대비는 마치 태양이 대지를 고르게 비치는 것과 같이 모든 중생들을 보살피되 미치지 않는 곳이 없고, 더욱이 끊임이 없고 다함이 없습니다.

보살은 중생의 필요와 뜻에 따라 반야 지혜를 운용하고, 자비의 역량을 발휘하여 중생을 널리 제도합니다. 그 대표적인 전형이 바로 대자대비하신 관세음보살입니다. 관세음보살의 대자대비는 모든 사람이 다 아는 것으로, 비할 데 없는 비심悲心으로 사바세계의 모든 중생을 제도하겠다는 열두 가지의 큰 원력을 세우셨습니다.

언제 어디서나 중생을 제도하기에 눈코 뜰 새 없이 바쁘고, 신통의 방편을 운용하여 고통에서 구해줄 것을 바라는 목소리를 찾아 여러 곳을 왕래합니다. 단지 중생이 구원받고자 하는 소리를 내기만 한다면 관세음보살이 바로 나타나서 감로甘露를 뿌려줍니다.

관세음보살은 중생의 뜻에 따르기 위하여 병에는 약을 주고, 갖가지 법신法身으로 나타납니다. 어떤 때는 천신으로, 어떤 때는 여덟 신장으로 나타나며, 아녀자의 모습으로, 혹은 어린 남자아이의 모습으로도 나타납니다. 어떤 경우는 생선 바구니를 들고, 어떤 경우는 용을 타고, 어떤 때는 대숲에 살며, 어떤 때는 버들가지를 손에 들고 있기도 합니다. 이른바 32응신應身이라 일컫는 것과 같이 어느 곳에나 나타나서 고난에서 구하여 줍니다.

나를 잊고 내가 없는
대무외정신

이렇게 인연을 따라 나타나서 제도하고 교화하는 덕행은 무아대비無我大悲 속에서 참모습으로 나타난 보살의 원융한 성격입니다.

더욱 한 발짝 나가서 말한다면, 자비가 충만하여 보살의 마음속에는 자기 개인이 없고, 오직 중생이 존재할 뿐입니다. 중생에게 필요하다면 보살은 조금도 아낌없이 모두 내어 줍니다. 재물, 사업, 처자를 막론하고, 심지어 육체와 정신, 생명도 조금의 원망함이 없이 베풀어 줍니다.

부처님의 전생 이야기를 담은《본생경本生經》속에 나오는 얘기를 들려드리겠습니다. 부처님이 보살로서 수행할 때 왕자로 태어났습니다.

어느 날 두 형과 같이 깊은 숲 속으로 놀러 나가서 뜻밖에 새끼 일곱 마리를 방금 낳은 어미 호랑이를 발견했습니다. 그 어미 호랑이는 체력을 너무 많이 소모한 탓으로 목숨이 위태로웠으며, 방금 태어난 새끼 호랑이들은 울어대며 지친 어미 젖을 빨고 있었습니다.

왕자가 이러한 장면을 보고 측은한 마음이 저절로 우러나, 몸을 던져 호랑이를 구하기로 결심했습니다. 그래서 두 형을 따돌리고 높은 곳에서 깊은 계곡으로 뛰어내려 호랑이가 삼키도록 했으나 어미 호랑이는 기운이 다하여 그 견고한 몸을 물어뜯을 수가 없었습니다. 이때 왕자는 뾰족하고 예리한 댓가지로 자기의 몸을 째어 피가 샘물처럼 솟아나게 했습니다. 그리고는 어미 호랑이 가까이 기어가 자기의 더운 피를 핥아 먹게 하여 어미와 새끼 호랑이를 살렸습니다.

자비는 왕자에게 죽음의 공포를 잊게 하고, 기꺼이 생명을 내놓게 했으니, 보살은 바로 무아의 정신을 이렇게 발휘한 것입니다. 또 부처님이 전생에 국왕으로 태어나 백성을 두텁게 사랑하여 전국 각지에 구제소를 설치하고 보시를 크게 베풀었으며, 심지어 살을 베어 독수리를 먹여 한 마리의 흰 비둘기를 구한 일도 있었습니다.

이러한 여러 가지 이야기는 보살에게 자비와 성품이 충만하여, 모든 중생을 불쌍히 여기고 중생의 모든 어리석은 죄업을 이해하고 덮어주며, 심지어 나를 잊고(忘我) 더 나아가 내가 없는(無我),

곧 죽음까지도 돌보지 않고, 중생을 위해서라면 일체 모든 것을 내버릴 수 있다는 대무외정신大無畏精神이 가득함을 우리에게 말해줍니다.

《법화경》에 "대자비의 힘으로 고뇌하는 중생을 건져주신다" 했습니다. 보살은 여러 겁의 수행을 거쳐 모든 번뇌를 끊고, 청정한 수행을 고르게 이루어 본래 열반에 들 수 있습니다. 그러나 중생을 불쌍히 여겨 열반에 들지 않을 뿐만 아니라, 생사를 끊지 않고 원願에 따라 육도六道에 태어나 감로법문甘露法門을 크게 열어 무상법륜無上法輪을 굴립니다. 심지어 삼악도에 떨어진 모든 중생을 구해내기 위하여 악도惡道에 태어나기를 발원합니다.

그러한 예로서, 지장보살은 지옥의 활활 타오르는 불길에 그슬리는 중생을 보고 "내가 지옥에 들어가지 않으면 누가 들어갈 것인가" 하고는 "단 한 명의 중생이라도 지옥에 있다면, 절대 성불하지 않겠다"는 서원을 세웠습니다. 이처럼 보살을 보살이라 하는 것은 바로 자비의 성격에서 비롯됩니다. 자비는 보살이 중생을 제도하고 교화하는 원동력이고, 대승불교의 기본정신입니다. 이러한 정신은 무아의 지혜 속에서 생겨납니다. 가령 우리가 잠깐만이라도 보살의 마음을 가질 수 있다면, 우리 사회는 틀림없이 다툼이 줄어들 것이고, 너그럽고 부드러운 분위기가 가득 찰 것으로 믿습니다.

반야와 공성의 삶

보살의 가장 큰 특징은 자비의 성격이라고 이미 말했습니다. 지금 강조하고자 하는 것은 보살의 자비를 함양하는 것 이외에도 반야 지혜를 갖춰야 한다는 점입니다.

또 반야의 지혜를 얻은 뒤에는 더러움을 없앨 수 있어 자성이 청정한 무심세계無心世界에 도달합니다. 다시 말해 무아상無我相, 무인상無人相, 무중생상無衆生相, 무수자상無壽者相 등의 공空의 경계를 드러냅니다.

분별 없는 지혜
반야의 마음

보살의 자비는 사상이 있고 지혜가 있는 자비여야지 시비를 가리지 않는 무분별한 자비여서는 안 됩니다. 도박을 좋아하는 사람이 도박할 돈이 없어서 고민할 때 돈을 준다면 도움을 주는 것이 아니라 그를 해치는 결과가 되는 것과 같은 이치입니다. 바꿔 말한다면 자비는 반드시 지혜를 수반해야만 사람을 도와 발전하고 선을 향할 수 있다는 뜻입니다. 자비는 결코 잘못된 것을 도와 사람을 타락하게 하는 헛되고 작은 은혜가 아닙니다. 도에 넘친 동정을 베푸는 아낙네의 인정은 더욱 아닙니다.

자비는 두 다리와 같아 각지를 두루 다니고, 반야심般若心은 두 눈과 같아 참과 거짓을 분명히 구분하고 진상을 밝힐 수 있습니다. 자비와 지혜의 양자는 반드시 겸비하여야만 보살행을 성취할 수 있습니다.

그러면 반야심, 즉 반야의 마음이라는 것은 또 무엇일까요? 세간의 주관적인 것과 객관적인 것에 대한 차별적인 현상의 그 허망성을 철저히 간파하고, 대상과 자기 자신에 대한 집착이 없는 '분별이 없는 지혜'를 가리킵니다. 또한 우주와 내가 같이 존재하고 중생과 내가 하나인 공성空性을 가리킵니다. 세속적인 눈으로 볼 때 이 세간에는 높고 낮음, 가난한 사람과 부자, 깨끗하고 더러움,

어리석은 사람과 현명한 사람의 갖가지 차별로 가득합니다. 그러나 반야지혜의 입장으로 본다면 이러한 천차만별의 현상은 모두 인연의 일시적인 화합으로 생겨난 것으로 공空이며 무자성無自性입니다.

우주의 만물이나 주관과 객관적인 것 모두의 성품은 본래 텅 비어서 둘이 하나이고 이것이 바로 동등한 법계로 차별이 곧 평등인 세계입니다.

보살이 가령 이 경계에 도달하여 보살의 입장에서 중생을 말한다면 마음 밖의 존재가 아니고 중생이 곧 마음이고 마음이 곧 중생입니다. 중생의 슬픔과 기쁨, 괴로움과 즐거움이 바로 보살의 슬픔과 즐거움이고 중생의 생사윤회가 바로 보살의 생사윤회입니다.

그렇기 때문에 중생이 병이 나면 보살도 그로 인해 병이 들고 중생이 무명無明의 업을 지으면 보살 역시 대신하여 고통을 받습니다.

또 분별이 없는 지혜인 반야지혜의 활발한 도움으로 보살은 중생을 자기 자식처럼 보살피고 일각의 낭비 없이 세간에 들어와 중생의 죄업을 적극적으로 씻어줍니다. 그리하여 '큰 자비심으로 세간을 맑고 깨끗하게 하는 지혜'가 생겨나 모든 것에 걸림이 없는 법계에 도달합니다.

이와 같이 분별이 없는 지혜에서 오는 큰 지혜의 힘, 반야지혜가 있어야만 위없는 보리를 닦고 깨달을 수 있고 조금의 착오도 없이 여실하게 중생을 인도합니다. 청정하고 자비로운 마음이 있어야만 적극적이고 효과적으로 어리석은 중생을 제도할 수 있습니다.

큰 지혜의 힘은 위로는 깨달음을 구하는 것으로 자신을 위한 수행이라 할 수 있습니다. 큰 자비의 마음은 아래로 중생을 교화하는 것으로 남을 위한 수행이라 할 수 있습니다. 자기를 이롭게 하는 것이 남을 이롭게 하는 것이고, 남을 이롭게 하는 것이 곧 자기를 이롭게 하는 것입니다.

지혜와 자비의 양자가 서로 어울려 둘이 하나고 하나가 둘인 보리심입니다. 더욱 구체적으로 말하면, 보살은 반야의 지혜를 깨닫기 위하여 깊은 믿음을 내고 몸과 목숨을 바쳐 추구합니다.

마지막 한 중생까지 구제하리라

《본생경》에 나오는 이야기를 들려드리겠습니다.

과거 사 아승지 십만 겁의 옛날에 수메다Sumedha, 즉 선혜善慧라고 부르는 수행자가 있었습니다. 선혜 행자가 신통력을 얻고 정진에 힘쓰고 있을 무렵 디팜카라Dipamkara, 즉 연등燃燈이라는 부처님께서 세상에 나오셔서 희락이라는 큰 도시에 이르러 선현정사에 머물고 계셨습니다. 부처님의 설법을 들은 도시의 모든 사람은 기쁨에 젖어 연등 부처님과 그 제자들을 공양에 초청했습니다.

이튿날 사람들은 부처님께서 오실 길을 수리하고, 길에는 꽃을 뿌리고, 음식과 의복, 향료 등을 준비했습니다. 이러한 모습을 보고 선혜 행자는 마을 사람들에게 자기도 함께 길을 고치겠다고 하니, 마을 사람들이 그에게 신통력이 있음을 알고 물이 고여서 닦기 어려운 곳을 맡아달라고 했습니다.

선혜 행자는 부처님에 대해 기뻐하는 마음을 일으키고, 신통력으로 길을 말끔히 고치는 것은 열과 성을 다한 것이 되지 못한다고 생각해 성의를 다해 온몸으로 봉사를 하겠다고 다짐합니다. 선혜 행자가 길을 다 고치기 전에 연등 부처님과 그 제자들이 다가오고 있었습니다. 선혜 행자는 입었던 가죽 옷을 벗어 진흙탕에 깔고, 땅 위에 엎드려 끊어진 길에 다리를 놓았습니다. 그것도 부족하자 머리를 풀어 진흙 위를 덮고 부처님을 우러러 보면서 가까이 다가오신 부처님께 말했습니다.

"부처님, 진흙을 밟지 마시고 부디 제 머리털과 몸을 밟고 지나가십시오. 그러면 그것은 저에게 영원한 이익이 되고 즐거움이 될 것입니다."

그리고 수메다는 진흙 위에 엎드린 채 열 가지 힘을 가진 존엄한 연등 부처님을 우러러보면서 지극한 마음으로 큰 행원을 일으켰습니다.

'이 세상에서 고통받는 중생이 끝없이 많으니 나는 연등 부처님처럼 최상의 진리를 깨달은 부처가 되어 마지막 한 생명까지 법의 배에 싣고 윤회의 바다에서 기필코 구제해 낸 뒤에야 비로소 열반에 들리라. 이것이 나의 유일한 희망이요, 내게 주어진 일이다.'

이때 연등 부처님께서 선혜 행자를 향하여 찬탄하셨습니다.

"장하다, 선혜여. 그대의 보리심은 참으로 갸륵하구나. 이같이 지극한 공덕으로 그대는 오는 세상에 기필코 부처가 되리니, 그 이름을 석가모니라 부르리라."

정법正法을 듣고 구하는 선혜의 이러한 정신이 그를 미륵보살보다 아홉 겁이나 빨리 올바른 깨달음, 즉 정등각正等覺을 이루게 했습니다.

중생을 근심하고 염려하는 보살

《팔천송반야경八千頌般若經》속에 있는 상제보살常啼菩薩의 이야기도 간략하게 말해보겠습니다. 상제보살은 중생들이 고통세계에 살고 있는 것을 보고 중생을 근심하고 염려하여 늘 울고 있어 사람들이 그를 상비보살常悲菩薩이라 부르기도 했습니다.

그는 평소 미흡한 점을 점검받기 위해 산 넘고 물 건너 이름난 스승을 찾아다녔습니다. 그러다가 동쪽으로 오백 유순由旬 떨어져 있는 중향성衆香城에서 세상에 둘도 없는 선지식인 법상보살法上菩薩이 부처의 청정하고 바른 법을 훌륭히 설한다는 소리를 들었습니다.

유순은 고대 인도에서 거리를 재는 단위로 소 달구지가 하루에 갈 수 있는 만큼을 뜻합니다. 그만큼 갈 길이 멀었지만 상제보살은 법을 구하러 간다는 기쁨에 넘쳐 몸을 팔아 법상보살에게 공양하기로 했습니다. 그리하여 길을 가는 도중 자기 몸을 팔겠다고 계속 소리를 질렀습니다. 그러자 덩치가 큰 사나이가 갑자기 나타나 그의 사지와 심장, 골수를 사서 제물로 쓰겠다고 하는 것이었습니다. 법을 구하고자 하는 간절한 마음으로 상제보살은 곧 자기의 손목을 잘라 그 사나이에게 팔았습니다. 나중에 상제보살은 법상보살의 법문을 듣고 훤히 깨쳤습니다.

여래는 가지도 않았고 오지도 않았다
공성이 곧 여래다
不去亦不來 空性卽如來

상제보살은 곧 깊은 삼매에 들어가 무한한 반야지혜의 바다에서 자유로울 수 있었습니다. 선혜와 상제보살이 지극한 마음으로 법을 구한 예를 통해 우리는 반야의 지혜가 진귀하여 얻기 어려움을 쉽게 알 수 있습니다.

《대품반야경大品般若經》에 "반야바라밀은 모든 보살의 모체가 되니 모든 부처님의 법을 탄생시키기 때문이다" 했습니다. 보살이 반야를 닦는 것은 중요한 과정으로, 마치 아기가 어머니의 젖을 먹고 자라나 어른이 되는 것과 마찬가지입니다. 보살도 반야의 최상법을 취하여 점점 깨달음이 깨끗하고 원만한 성자가 되는 것입니다. 이것이 자성이 맑고 깨끗한 무심세계이며, 곧 공空의 경계입니다.

세상 속에서
세상 밖에서

앞에서 자비는 보살행을 실행하는 원동력이라고 말했는데, 여기서 우리는 자비를 또 중생연衆生緣, 법연法緣, 무연無緣 등 세 가지로 나누는 것을 알아야 합니다. 만일 자비와 반야의 지혜가 함께하면 중생상과 법상에 집착하지 않습니다. 나와 남의 구별이 완전히 없어져 '모든 중생에 대한 차별이 없는 절대 평등의 자비'를 행할 수 있습니다.

경전에 반야바라밀은 과거 현재 미래 모든 부처님의 어머니라 했습니다. 모든 부처님의 나라에는 많은 보살 권속들이 살며, 중생을 교화하는 부처님을 도와드리는데, 어떤 이는 대자대비하고, 어떤 이는 반야 지혜를 갖추었습니다.

특히 그중에 바로 옆에서 부처님을 모시는 보살들은 세상사람들도 잘 아는 분들입니다. 사바세계에서 석가모니불을 돕는 이는 문수보살과 보현보살이고, 서방 극락세계에서 아미타불을 모시고 중생을 받아들이는 대세지보살과 관세음보살이 대표적입니다. 또한 동방 유리세계에서 약사여래불을 돕는 일광日光, 월광月光 두 보살이 있습니다.

그중에서도 문수, 대세지, 일광 세 보살은 반야 지혜를 갖추고 있는 큰 보살로, 수사자를 타고 사방으로 돌아다니며 법을 펴고, 혹은 지혜의 빛으로 무명無明을 뚫고, 혹은 중생에게 무한한 광명을 비춰줍니다. 모두 큰 지혜의 날카로운 칼을 갖고 있으며, 그들 모두 번뇌를 끊어 없앤 보살이라 말할 수 있습니다.

보살은 큰 지혜로 오온五蘊이 다 공함을 비춰볼 수 있고, 모든 법의 공성空性을 철저히 깨달아 애상愛想에 드는 마음이 생기지 않고 실상實相에 안주합니다.

그러나 보살은 자비로 말미암아 차마 중생을 버리지 못하고 더구나 본원本願을 이루기 위해 왕왕 세간에 돌아와 제도와 교화를 행하며 삼계 속을 뛰어다닙니다. 비록 모든 법이 다 공하여 제도하는 나도 없고 제도할 중생도 없음을 잘 알고 있지만 여전히 열심히 "수월도량水月道場을 건립하고, 공화불사空華佛事를 전개하며, 거울 속 악마를 항복받고, 꿈 가운데 부처되길 추구"합니다.

한마디로 말한다면 보살의 큰 지혜는 큰 자비를 실천하기 위해서인 것이며, 큰 자비는 큰 지혜를 완성하기 위한 것입니다.

보살은 이 두 가지를 마음대로 운용하여 무상보리를 원만히 성취할 수 있는데, 그 보리는 세상에 살면서도 세상을 떠나 있으며, 세상을 떠나 있으면서도 세상에 사는 것입니다. 보살은 곧 반야지혜를 얻은 성자이고 사상을 맑게 하는 성자입니다. 卍

인욕과 정진의 삶

현대사회는 효율을 강구하는 과학기술시대로 모든 분야에서 빨리 결과를 보는 것을 중요시합니다. 비행기, 우주선, 인터넷, 라면, 조립식 건축 등이 속성을 강구하는 데서 생겨난 산물입니다.

그러나 인격을 속성으로 할 수 있다는 말을 들은 적이 없고 나무를 아침과 저녁 사이에 성장시킬 수 있다는 소리도 들은 적이 없습니다.

오래 참고 견디는
수행의 힘

"나무는 십 년을 키워야 하고 사람은 백 년을 길러야 한다"는 말이 있듯이 필경 어떤 것들은 속성할 방법이 없습니다. 가령 한 가지 기술을 뛰어나게 배우려면 기필코 삼 년 내지 오 년의 힘을 들여야만 합니다. 보살이 불도를 구하는데도 그러합니다. 특별한 비결이 없는 까닭에 여러 겁 여러 세를 닦지 않는다면 성취할 방법이 없는 것입니다.

마라톤 같은 장거리 달리기는 선수의 지구력과 의지력을 시험하기에 적합합니다. 보살이 모든 중생을 널리 교화하고 불도를 구하는 과정이 바로 이런 마라톤 경기 정신이 두드러지게 나타난 것입니다.

경전에 보살은 삼아승기겁의 수행을 거쳐서 갖가지 법문을 부지런히 닦아나간 후에도, 백 겁을 경과하고 삼십이상과 팔십종호를 갖추어 보리도의 선근을 쌓아 모아야만 성불할 수 있다고 했습니다.

바꿔 말한다면 진리의 길 위에서 보살은 반드시 한 발자국씩 어려움을 참고 견디며 나아가길 게을리하지 않고 오랫동안의 시련을 겪어야 올바른 깨달음, 정등각을 이룰 수 있다는 것입니다. 그리고 보살의 특색은 바로 굳세어 굽힘이 없고, 오래 참고 견디며 용맹정진하는 정진을 갖추어야 합니다.

이렇게 속성을 바라지 않고 정진을 게을리하지 않는 보살의 정신과 인내는 어떻게 해서 가질 수 있을까요? 바로 보리심의 확립에서 오는 것입니다.

《보살지지경菩薩地持經》에서는 "보살 종자는 보리심을 내어, 부지런히 정진하고 바로 위없이 바른 깨달음을 이룬다" 했습니다. 보리심은 모든 부처의 씨앗이고, 맑고 깨끗한 법을 자라나게 돌보는 좋은 밭이고, 모든 번뇌의 때를 깨끗이 씻을 수 있고, 중생의 무명으로 어두워진 죄장을 제거할 수 있습니다.

보살에게 보리심이 있는 것은 마치 편안한 잠자리를 갖고 있는 것과 같아 중생의 다섯 가지 독에 젖은 몸과 마음을 편안히 재울수 있습니다. 보리심은 또 보살에게 불도에서 멀어지는 것을 두려워하지 않게 하고 욕계·색계·무색계의 삼계를 멀리할 수 있어 진리의 바닷속에서 살 수 있게 합니다.

보리심은 보살이 중생을 버리지 않고 언제나 생사의 바닷속에서 큰 원력의 배로 중생을 건너게 해줍니다. 이렇게 중생을 널리 제도하는 보리심은 바로 굳게 참고 정진하는 정신입니다.

요컨대 보리심이 일단 확립되면 모든 바른 소망이 이로 말미암아 시작되며, 모든 보리도菩提道 씨앗의 근본으로 대비법大悲法의 실행 근거가 됩니다. 보살이 만약 보리심을 잃어버리면 중생에 큰 도움을 줄 수 없습니다.

《화엄경》에 "보리심을 잃어버리면 모든 선법을 닦더라도 마귀의 일이다" 했습니다. 곧 대승 보리도를 닦으려고 하는 사람은 먼저 보리심을 내야만 합니다.

부지런히 보리심을
내게 하는 글

유명한 선재동자가 각지를 다니며 쉰세 분의 선지식을 찾아뵙고 나서 미륵보살을 만났습니다. 미륵보살이 그에게 말해준 것은 먼저 변함없이 보리심을 내야만 한다는 것입니다. 왜냐하면 보리심을 내기만 하면 모든 부처님의 수호를 얻을 수 있고 대승적인 자비와 원력의 문을 열 수 있기 때문에 아라한과는 비교할 수도 없는 것입니다. 이로 보아 보리심을 내는 것의 중요함을 알 수 있습니다.

보리심을 내는 것이 이렇듯 중요한데 그렇다면 무엇이 보리심일까요? 우리는 어떤 보리심을 내야 마땅한가요? 보리심을 간단히 말하면 바로 "위로는 부처의 도리를 구하고 아래로는 중생을 교화(上求菩提 下化衆生)"하는 마음입니다.

예부터 대만 불광산 중국불교연구원에서는 해마다 신입생을 교육할 때에 예외 없이 〈부지런히 보리심을 내게 하는 글〉을 외워 읽게 하는 과정을 넣는데, 그 목적은 바로 학생들이 보살도를 향해 정진하도록 격려하는 데 있습니다.

이 글은 중국불교 연종蓮宗 제9조 성암省庵 대사가 지은 문장입니다. 사람들이 놀기 좋아하고 도를 생각하는 마음을 잃어가는 것을 안타깝게 여겨 글을 지어 세상 사람들에게 열 가지 인연을 생각하여 보리심을 내도록 이끌기 위한 것이었습니다.

이른바 열 가지 인연은 부처님의 은혜가 깊음을 생각하고, 부모의 은혜, 스승의 은혜, 시주의 은혜, 중생의 은혜, 나고 죽음의 고통을 늘 생각하며, 자신의 영혼을 존중하고, 업장을 참회하며, 정토에 태어나길 추구하고, 정법이 오래 머물기를 생각하는 것입니다.

《발보리심경론發菩提心經論》에는 이런 말씀이 있습니다. "보살은 모든 부처님을 생각하고, 자신의 잘못을 살피고, 중생을 불쌍히 여기고, 가장 뛰어난 과보를 구하는 등 네 가지 인연으로 보리심을 내서 위 없는 보리를 닦아야 한다."

부처님처럼 대장부가 되어 커다란 용맹심을 내고, 몸과 목숨과 재물을 버려 모든 지혜를 구하고, 사대四大와 오온을 관하여 이 세상 모든 것이 덧없음을 알고, 악업을 짓고도 못 느끼는 중생을 불쌍히 여겨 위로는 깨달음을 구하고 아래로는 중생을 제도할 것을 서원하는 마음을 내어야 합니다. 이렇게만 할 수 있다면 바로 보리심을 내는 것입니다.

물러남이 없는
용맹정진

　보살이 마음을 내는 것은 위대한 것으로 보살의 인욕과 정진이 결코 일반인이 넘어설 수 있는 것이 아닙니다. 그러나 보살이 결코 만능이거나 신화적인 하나님이라는 것은 아닙니다. 그리스도교에서는 만능이라는 말을 하지만 불교에서는 부처를 신격화하지 않고, 더욱이 보살을 신격화하지는 않습니다. 보살도 사람이나 단지 보리심을 낸 사람이고, 보살은 굳게 참고 정진하는 사람인 것입니다.

　경전에 부처님이 중생들에게 설법하고 있을 때, 모든 사람이 부처님의 가르침에 대해 모두 환희와 믿음으로 받아들이나 유독 한 사람만이 머리를 갸우뚱거리며 청정한 묘법이 귀에 들어가지 않았다고 합니다.

　부처님이 신통을 운용하고 광장설廣長舌을 펴며 무한한 자비로 간곡히 가르치고 타일러도 이 사람의 가슴 속을 뚫을 방법이 없었습니다. 이는 경전에서 부처님도 못하는 세 가지, 즉 여래삼불능 如來三不能이라고 말하고 있습니다. 정해진 업을 없앨 수 없으며, 인연 없는 중생을 제도할 수 없으며, 중생들을 모두 제도할 수 없다는 것입니다. 그러나 중생이 비록 허공처럼 헤아릴 수 없이 많고 더욱이 인연이 없어 제도할 수 없지만 여러 부처님과 보살들은 도리어 끊임없이 정진하고 인내하면서, 이 영원히 완성할 방법이 없는 일을 쉼없는 노력으로 해나가니 그들이 내는 보리심도 허공과 마찬가지로 그지없이 크고 넓은 것입니다.

그들의 보리심은 마치 히말라야 산 위에서 녹아내리는 물과 같아, 쉬지 않고 졸졸 흐르며 인연이 무르익을 때를 기다려서 굳게 얼어버린 지 오래된 영혼을 녹이려 합니다.

《법화경》 속에 석가모니 부처님이 과거 인행忍行을 닦을 때의 이름인 사다파리부타Sadaparibhuta, 즉 상불경보살常不輕菩薩이 나옵니다. 상불경은 '무시하거나 천시하지 않는 이'라는 뜻입니다.

상불경보살은 인욕을 닦는데 어떤 사람을 만나더라도 공경하게 합장하고 절하며 "나는 당신을 업신여기지 못합니다. 당신들은 앞으로 모두 정등정각正等正覺을 이룩할 것입니다" 하고 말했습니다.

어떤 신앙이 없는 외도자들은 마주 예禮를 하지 않을 뿐 아니라 욕을 하고 심지어 몽둥이나 돌멩이로 때리지만, 상불경보살은 으레 맞서지 않고 멀리 피하며 입속으로 여전히 "당신들을 업신여기지 못합니다. 당신들은 미래의 부처입니다"라고만 했습니다.

이로써 보살은 마음의 눈으로 보아 중생 모두가 불성이 있고 단지 무명에 덮여 있어 자기가 느끼지 못하고 있을 뿐임을 알고 있다는 사실을 알 수 있습니다. 마치 마니보주摩尼寶珠를 더러운 흙탕 속에 빠뜨려 광명을 잃어버린 것과 같습니다.

이런 까닭에 보살이 무량겁을 통하여 보리심을 내고 큰 자비가 생겨 견줄 수 없는 인내심으로 늘 남을 공경하고 자성自性이 본래 청정함을 깨치도록 중생을 일깨웁니다. 또한 아미타불은 전생인 법장비구 때에 마흔여덟 가지 대원을 내어 무상보리심無上菩提心으로 국토를 장엄하길 원하였습니다. 그의 국토에 있는 사람들 가운데 한 명이라도 보리심을 내지 않은 중생이 있으면 무생법인無生法忍을 얻지 않아 정각正覺을 이루지 않겠다고 했습니다.

이런 까닭에 아미타불의 극락세계에 사는 사람 대부분이 불도를 구하는 마음이 떨어지지 않고 오직 한 번만 생사에 관련되고 일생을 마치면 다음에는 부처가 될 수 있는 일생보처의 보살들입니다.

요컨대 보살의 정신은 보리심을 낸 뒤부터 굳게 참고 용맹정진하여 물러섬이 없이 꾸준히 수행해나가기까지 속성으로 이룰 방법이 없습니다. 보리심을 내는 대원심大願心은 바로 평범함을 바꾸어 뛰어남을 이루는 것이며(轉凡成聖) 모든 불보살의 세계를 향해 내딛는 첫걸음입니다. 卍卍

몇 년 전 대만불교 참방에서 한 불교단체 안내자가 천주교도임을 알게 된 우리 일행들은 그 분이 어떻게 불교단체에서 일을 하고 있는지, 또 대만의 천주교 상황은 어떤지 궁금해 하였다. 대만의 천주교 신자 숫자가 예전보다 십 분의 일로 줄었고 미사 참석을 마치고 성당을 벗어나면 신앙을 자신의 일상생활과 전혀 연관시킬 수 없었다는 대답을 들으면서 생활 속에서 실천으로 연결되지 못하는 종교의 한계를 느꼈다. 이 과정을 통역하던 나는 착잡한 마음에 한동안 가슴이 먹먹하였다.

일상생활에서 벗어나 있는 불교는 과연 우리와 어떤 관계로 이어져 있는가? 누군가의 수행을 위해서 단지 보시를 하고 뒷정리를 해주는 것만으로 과연 지혜를 키우고 수행의 성취를 이룰 수 있을까? 그것으로 복을 받는다며 만족하면서 진정한 불자로 자부할 수 있는가?

인간의 생로병사가 고금이 다르지 않고, 인간관계의 주고받음에 차이가 없듯이 부처님의 가르침은 수천 년을 거치면서 변함없이 우리 인생의 밝은 등불이자 진리였다. 그러나 생활 속에서 실천으로 옮겨지지 않는 가르침은 허망한 메아리이고 미사여구의 구호에 불과할 뿐이다.

성운 대사는 '인간 불교'의 법문을 통해서 자비하신 부처님의 자리이타自利利他 가르침으로 우리가 도덕성과 인격과 신심을 키우고, 모든 인연들까지 살피고 배려하는 자비심을 내도록 그 실천의 방법을 말해주고 있다.

나는 예경 때마다 부처님의 자랑스러운 청년 불자가 되겠다고 항상 서원하였다. 그저 부처님의 가피만을 기원하는 불자가 아닌 나로 인하여 불교가 더욱 빛나고 불교를 위해서 조금이나마 쓰일 수 있기를 항상 희망해왔다. 그러한 서원으로 이 책을 번역하였다.

항상 자비의 관심을 아끼지 않는 성운 대사의 보살핌에 정례를 올린다. 이 책이 다시 출판되는 인연을 준 안심정사 회주 법안 스님과 모과나무 남배현 대표 등 모든 인연께 감사드리며, 한국불교의 발전을 두 손 모아 간절히 기원한다.

2016년 4월
이인옥